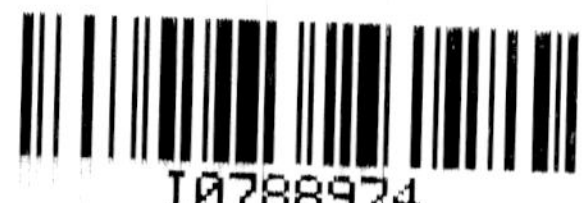

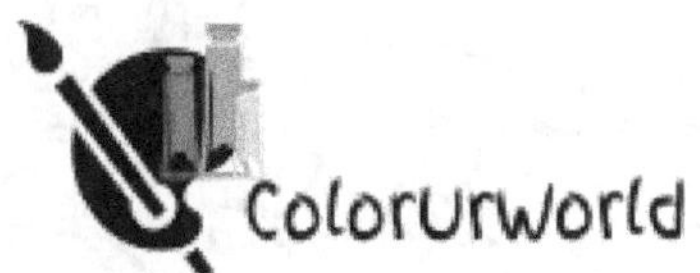
Colorurworld

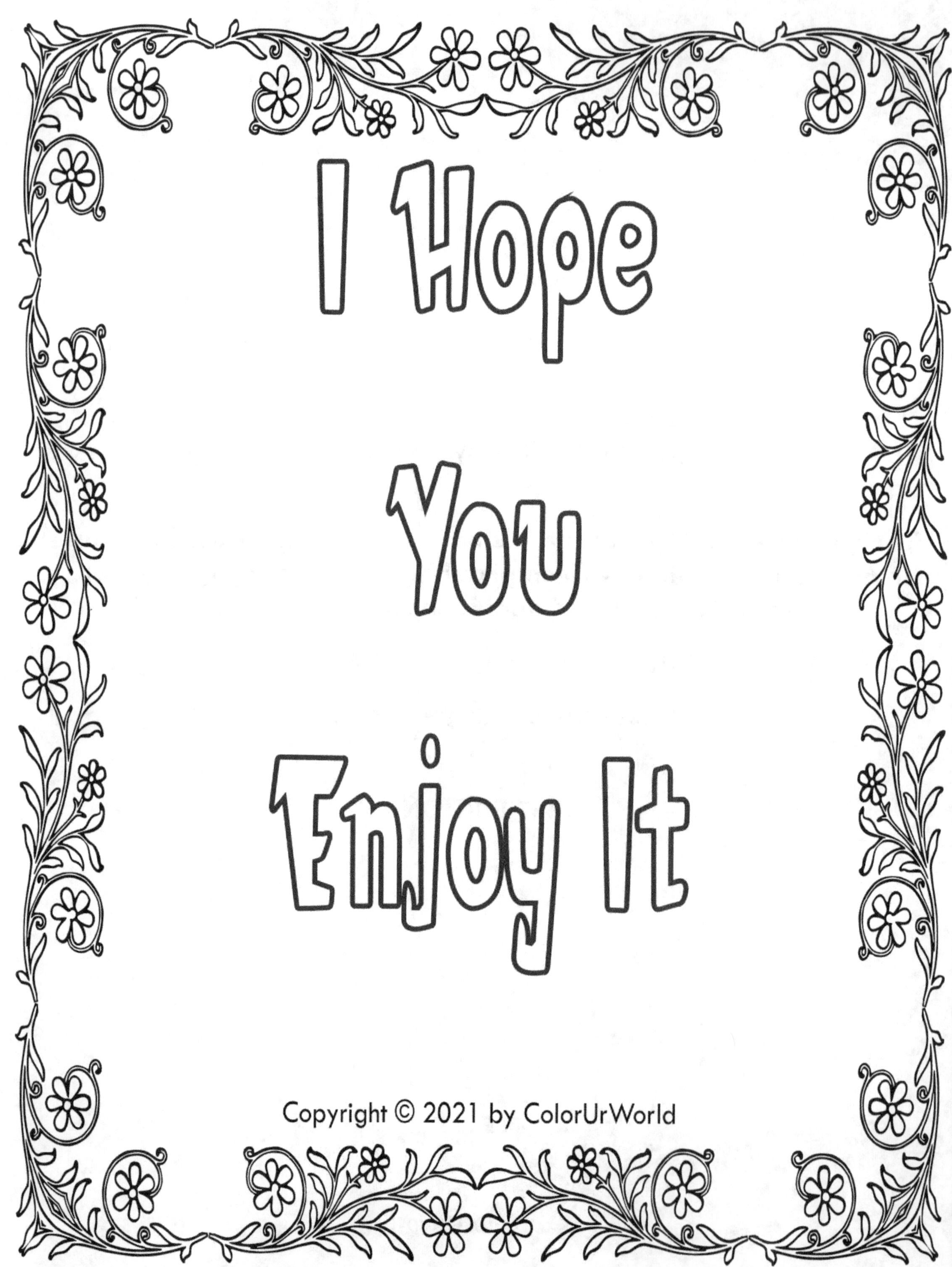
I Hope
You
Enjoy It

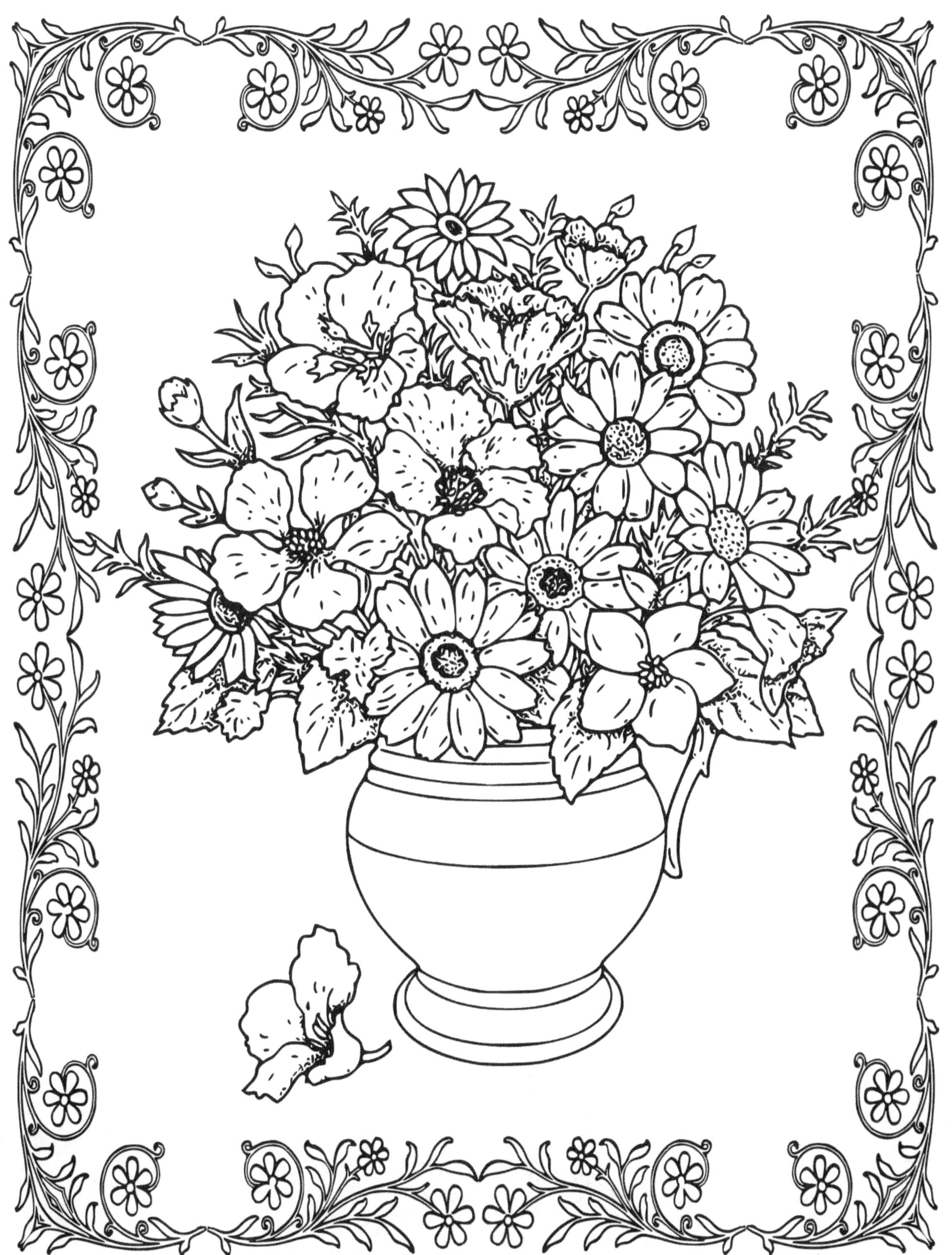

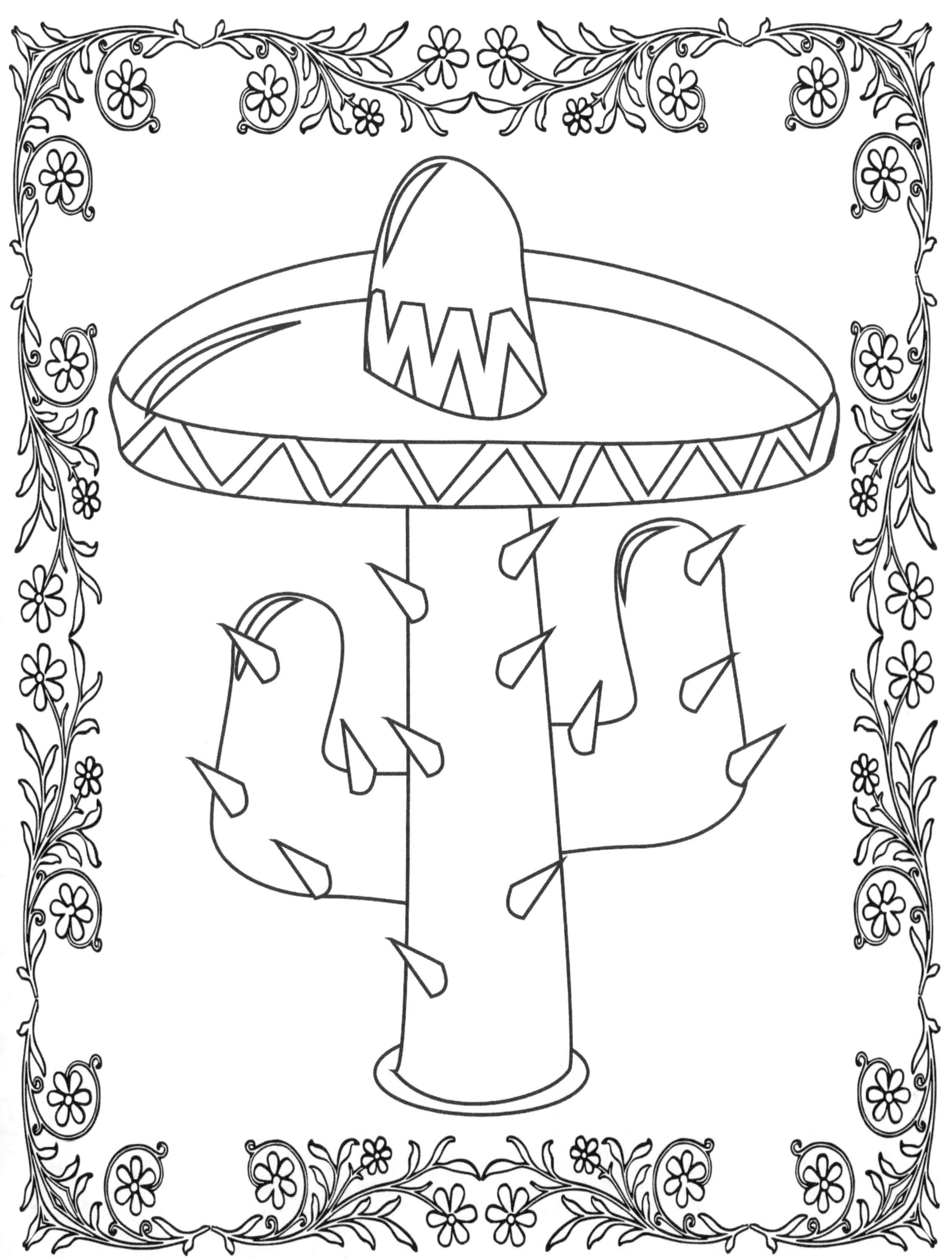

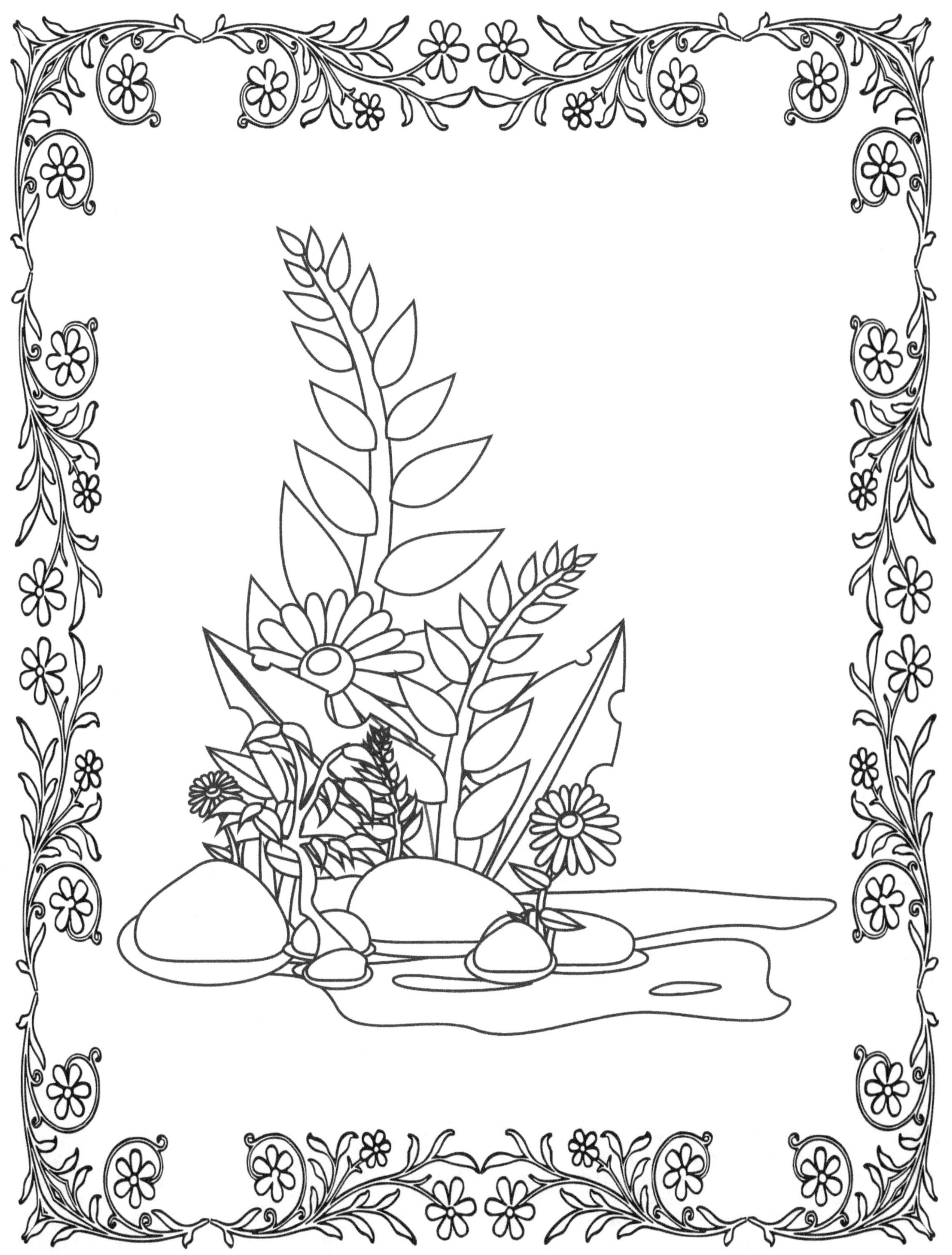

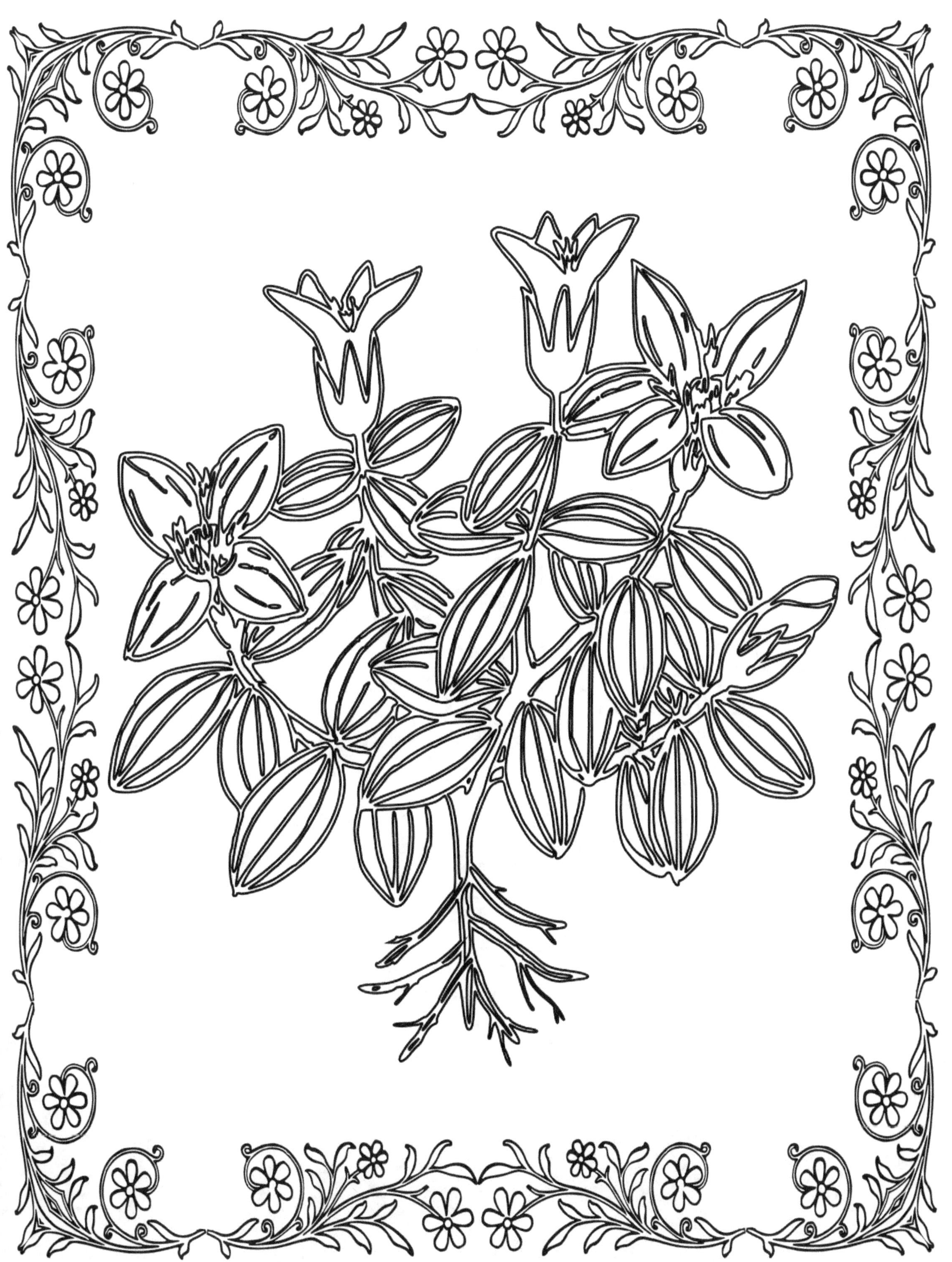

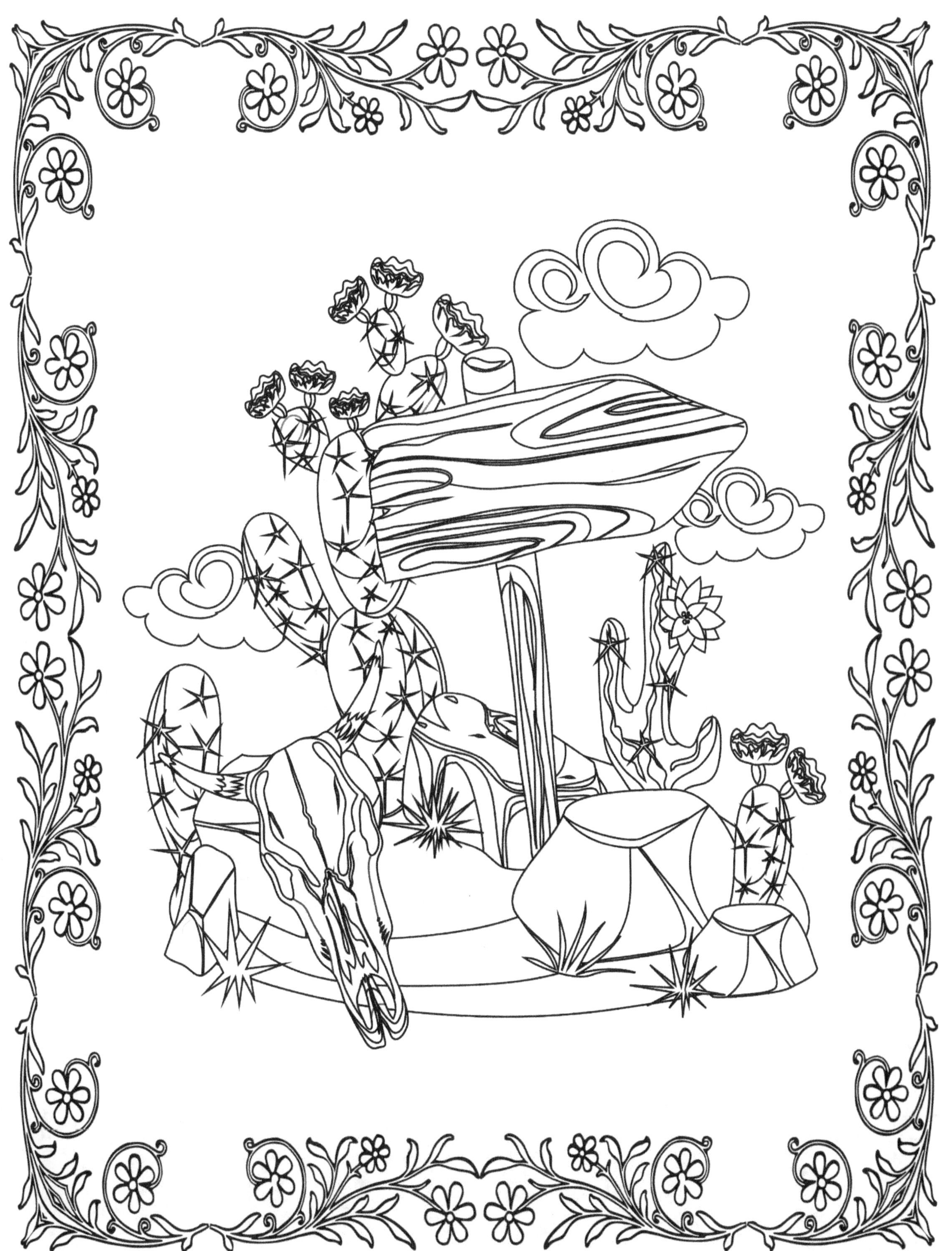

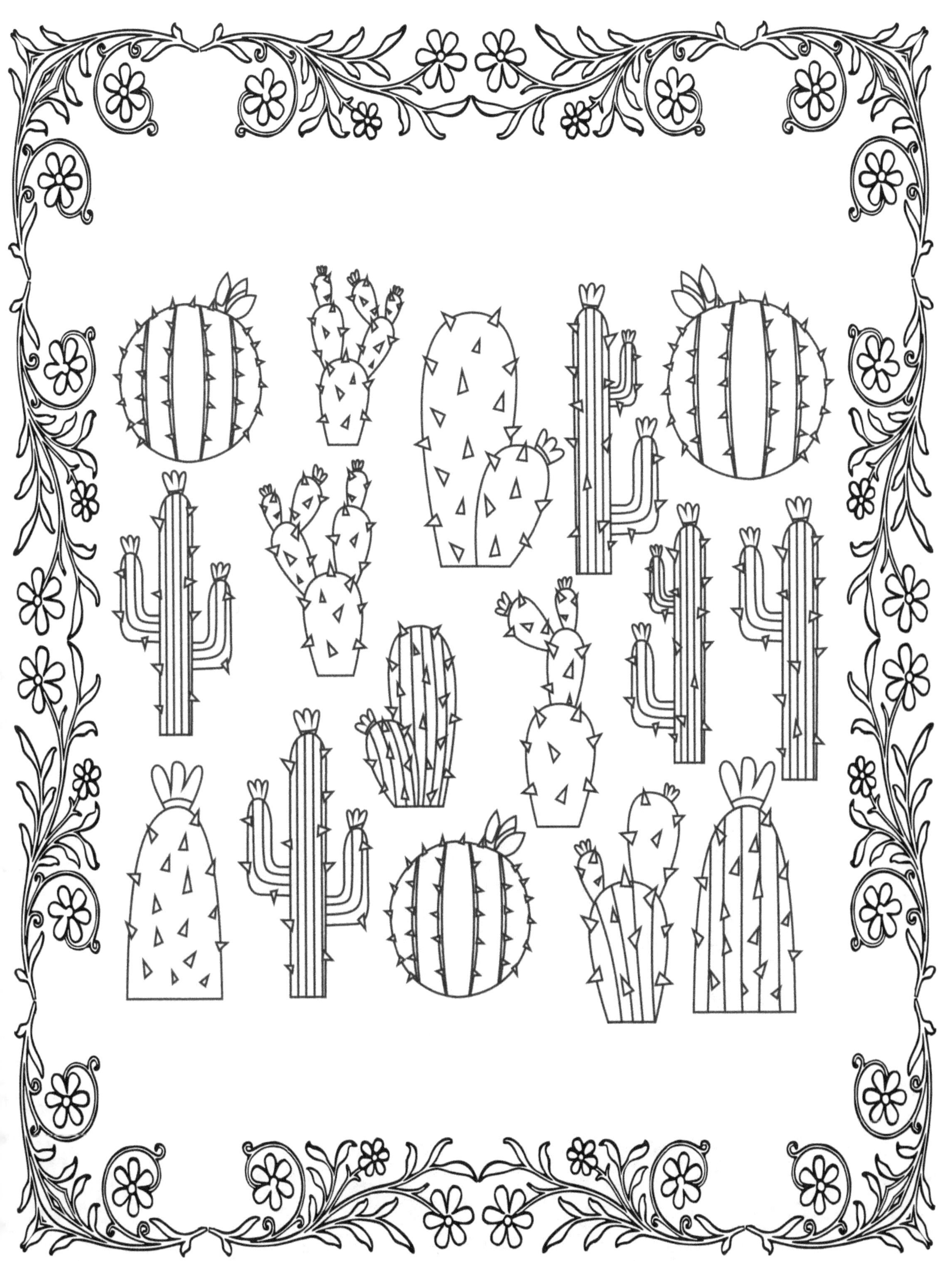

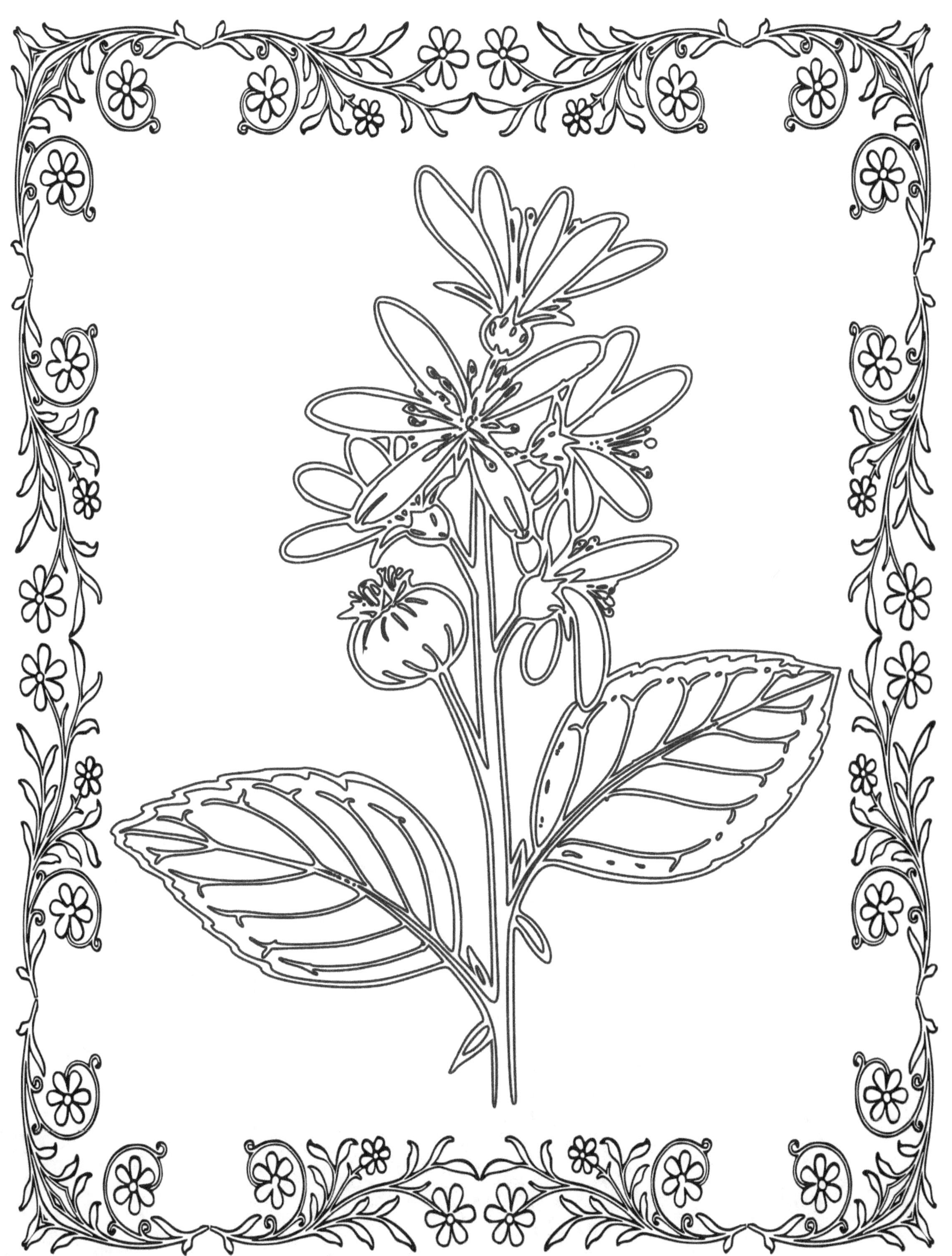

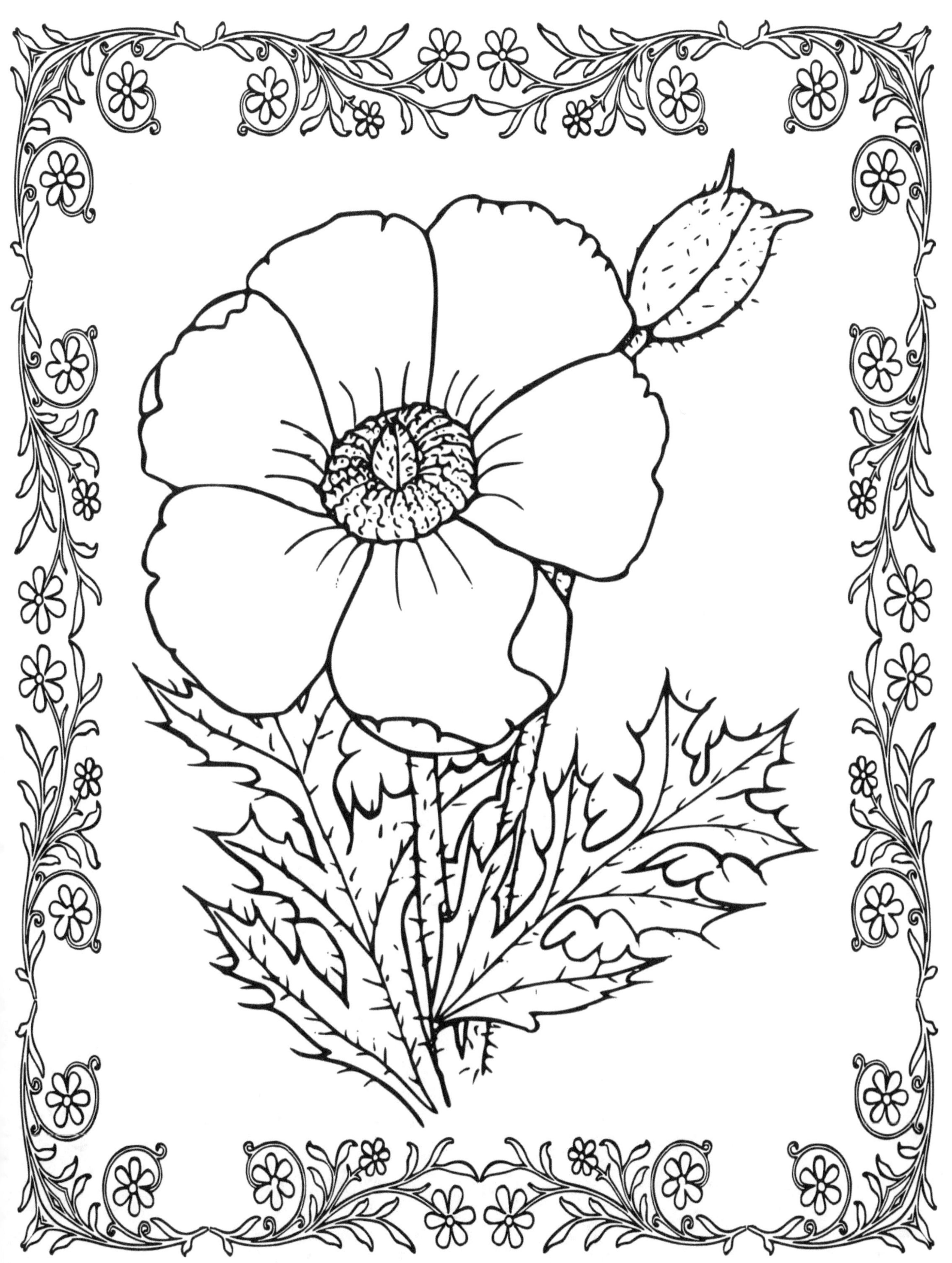

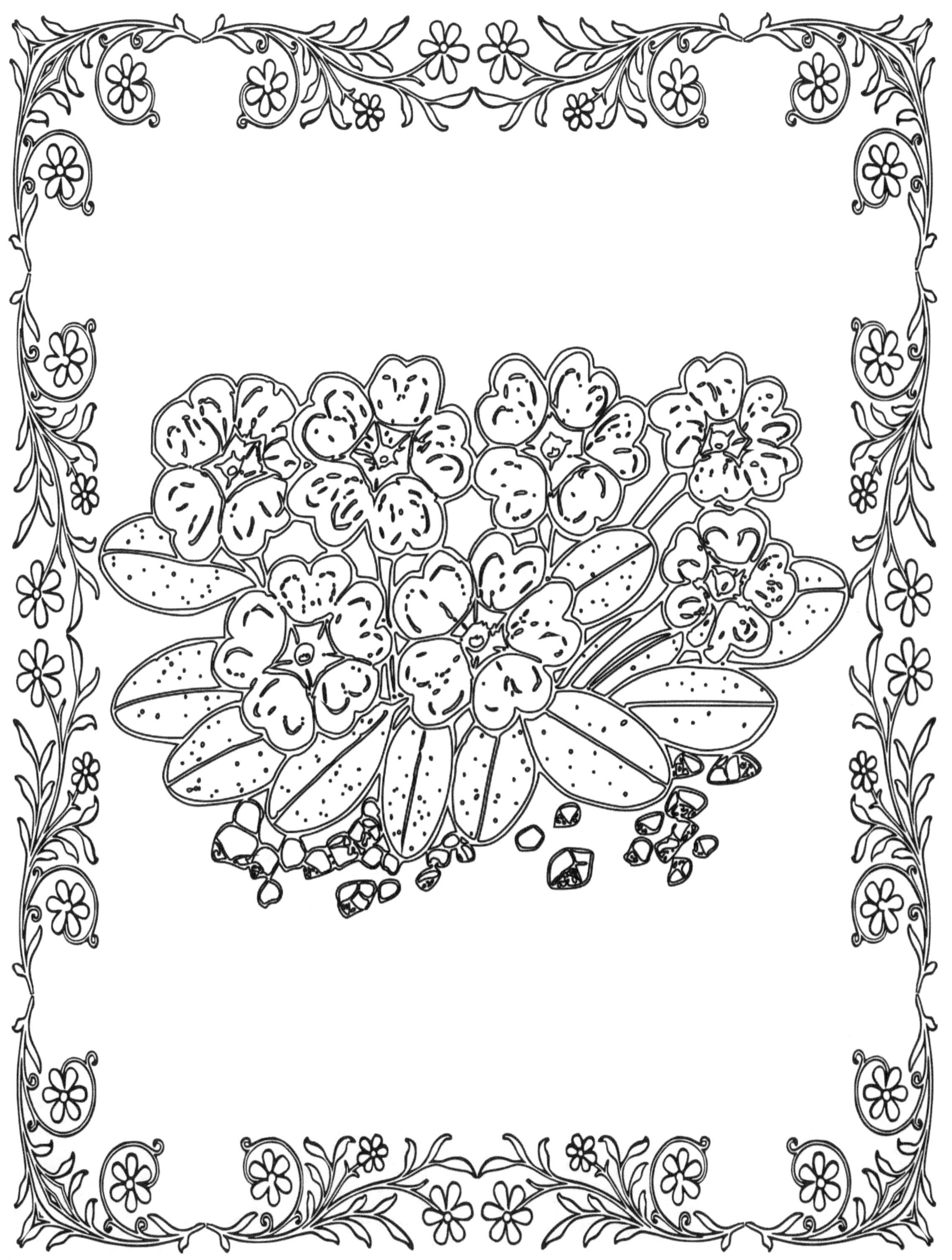

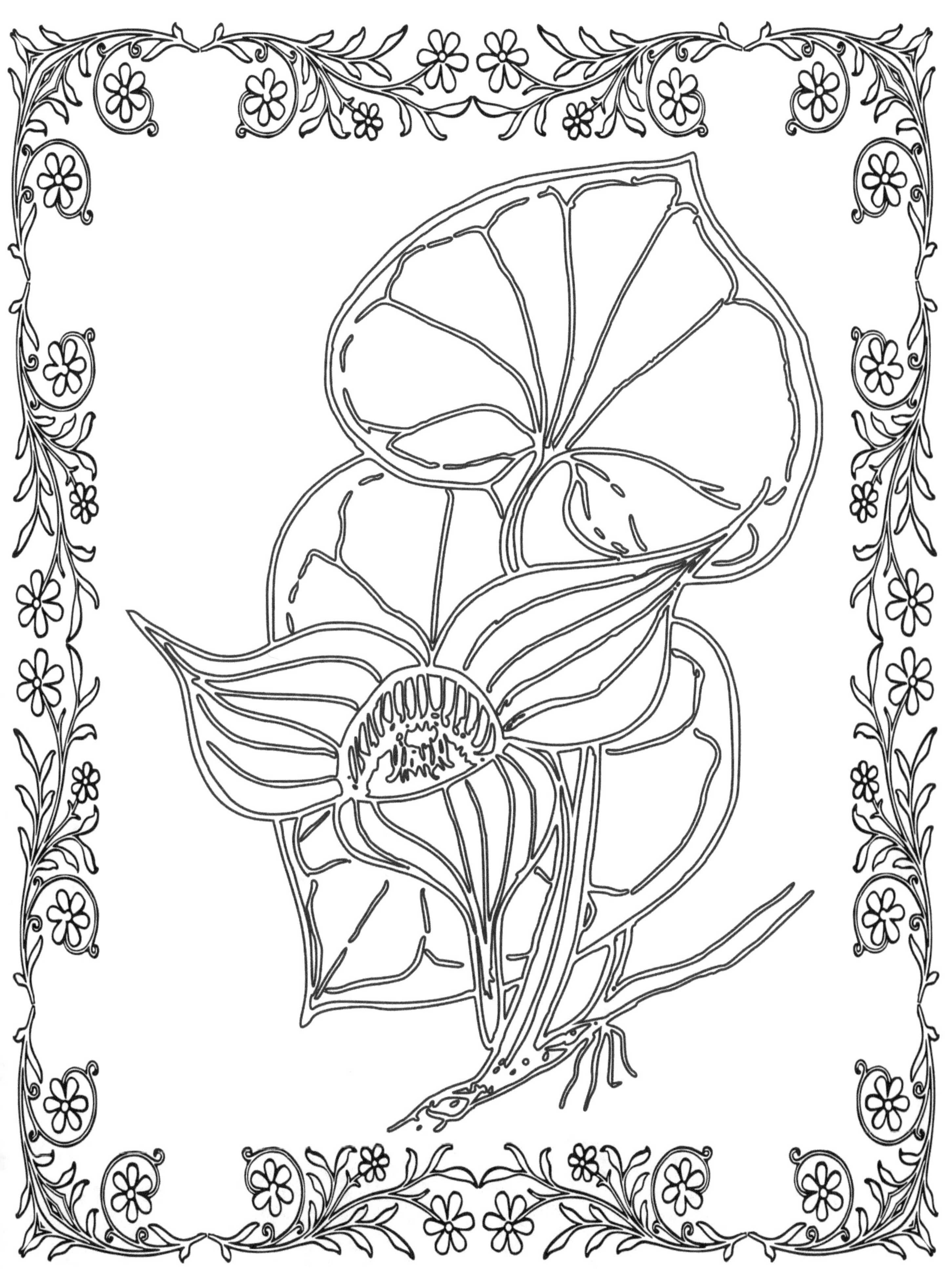

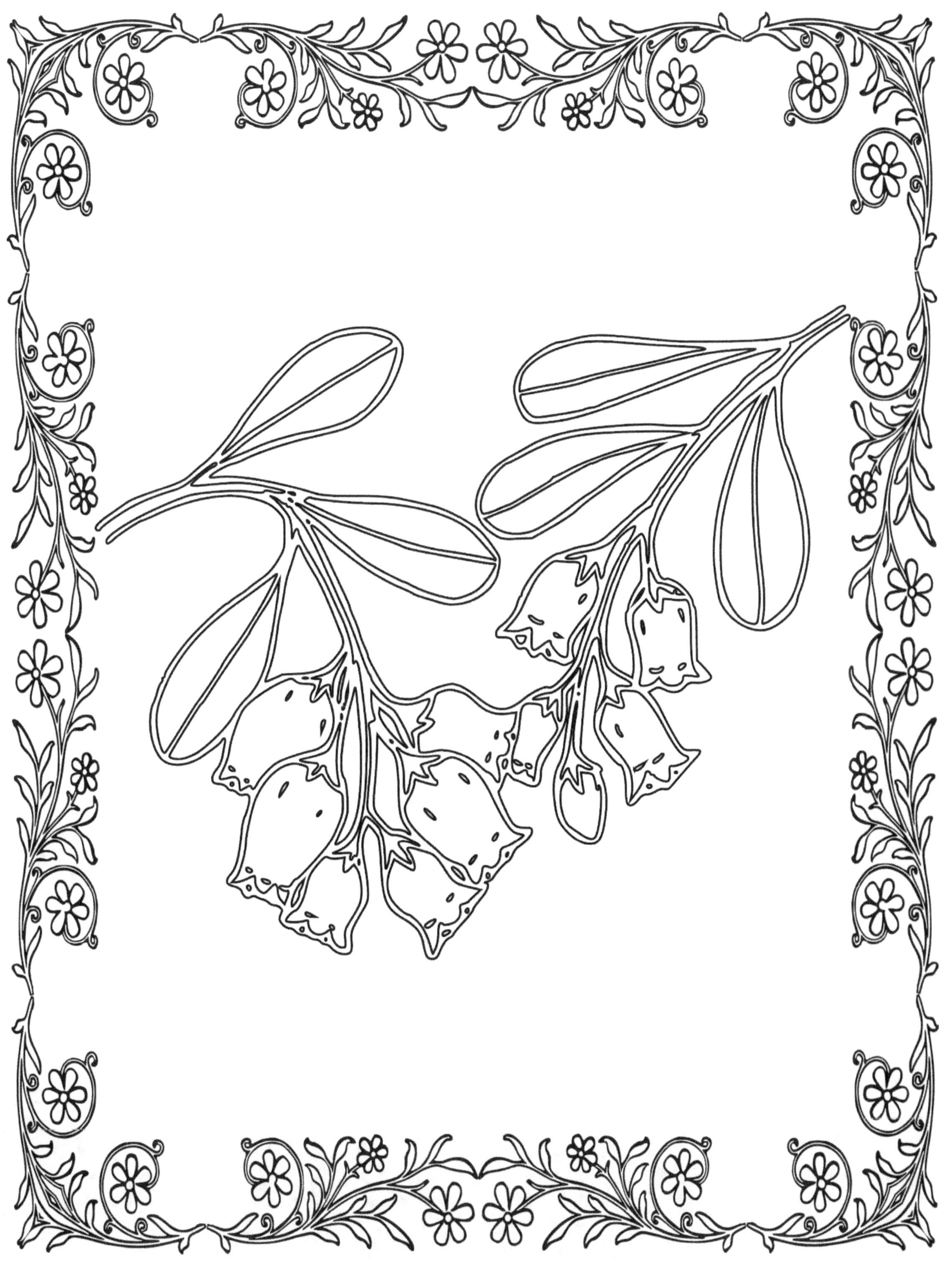

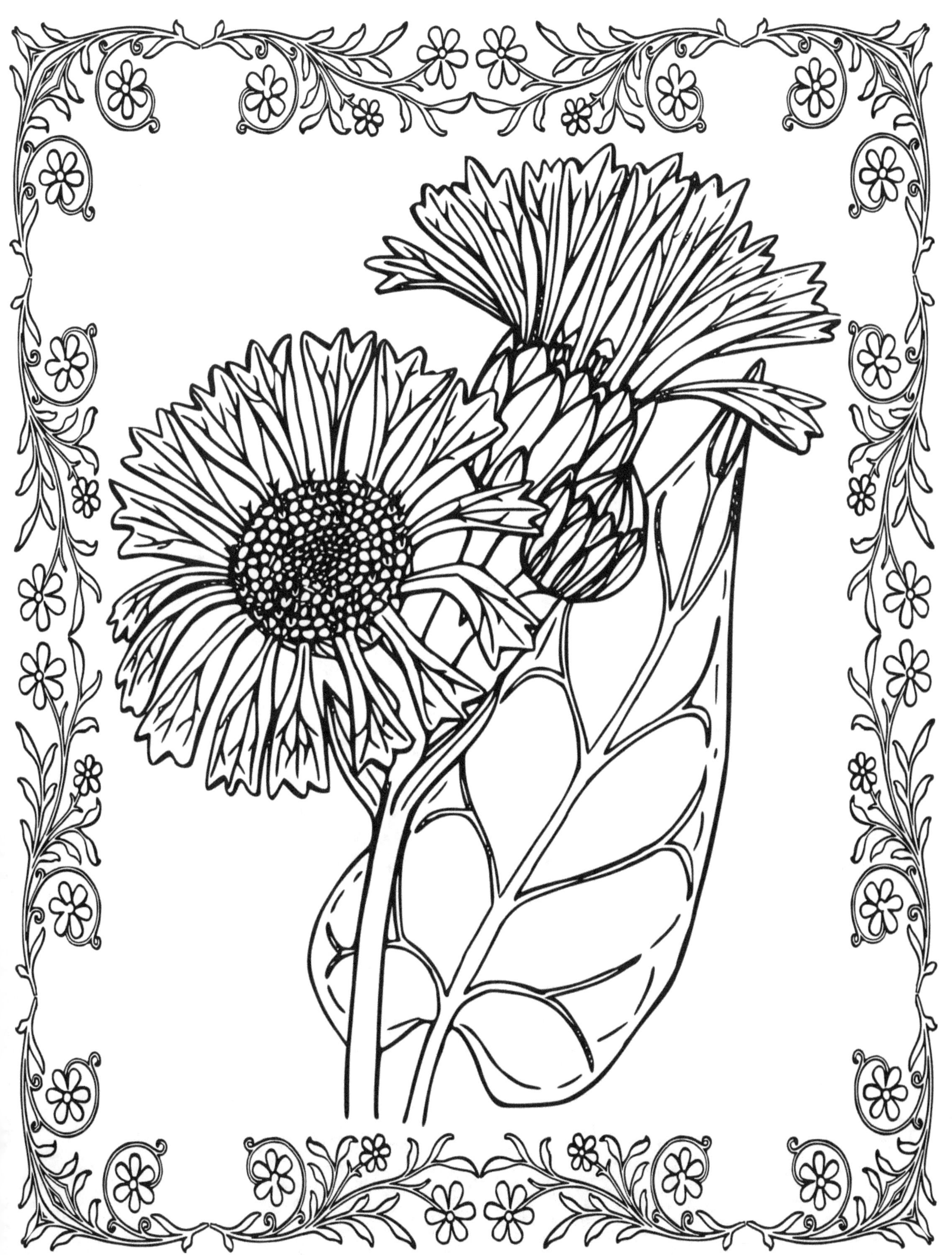

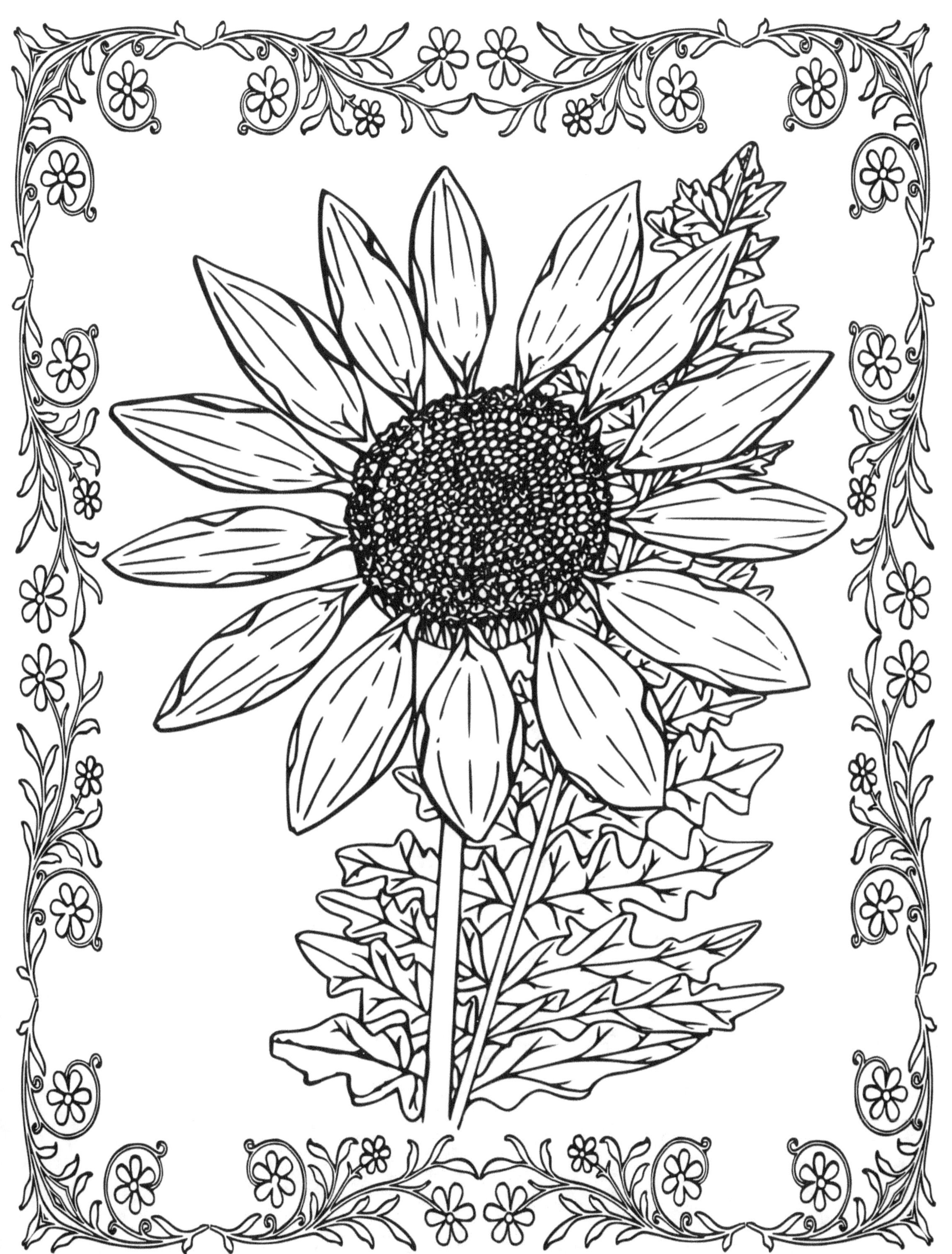

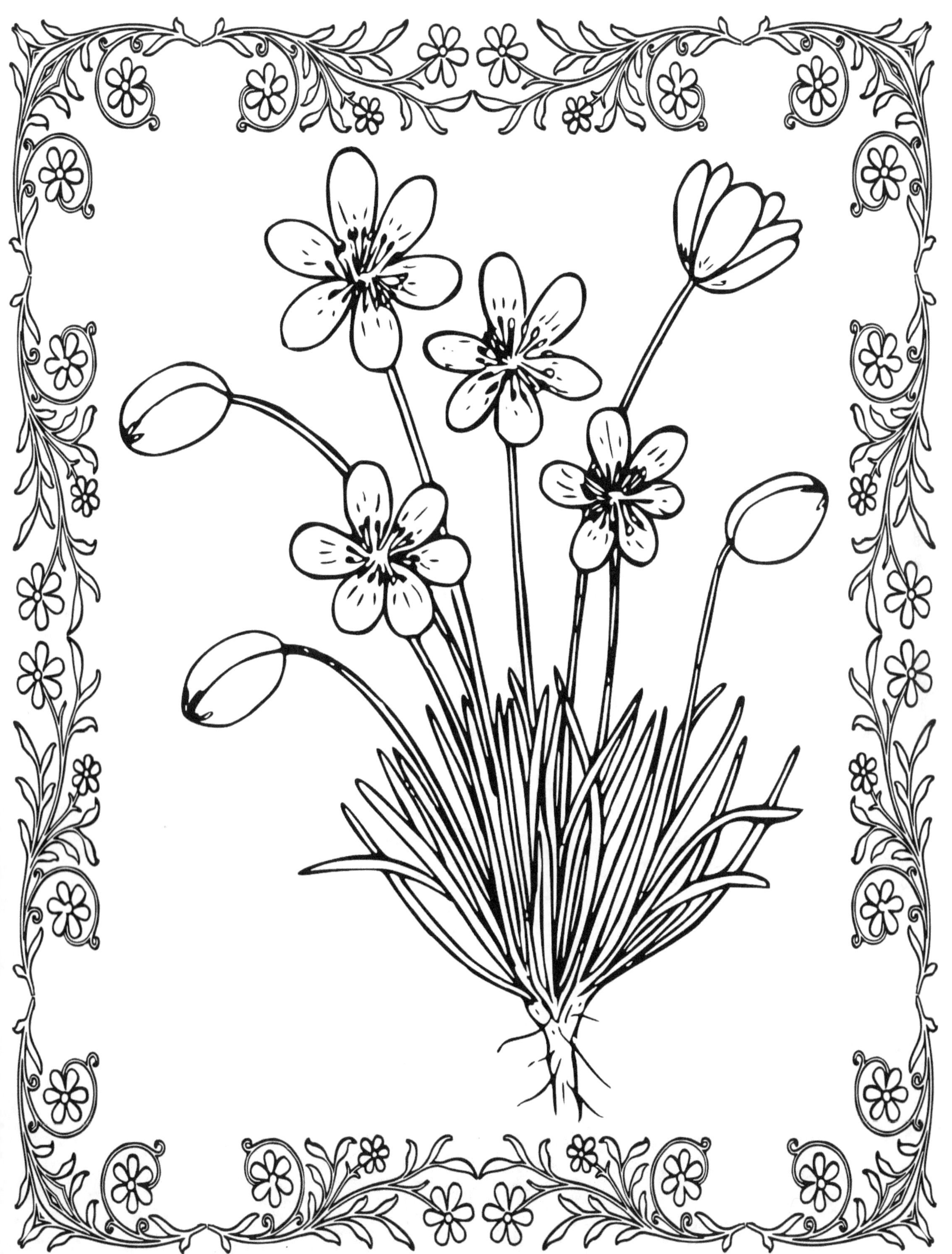

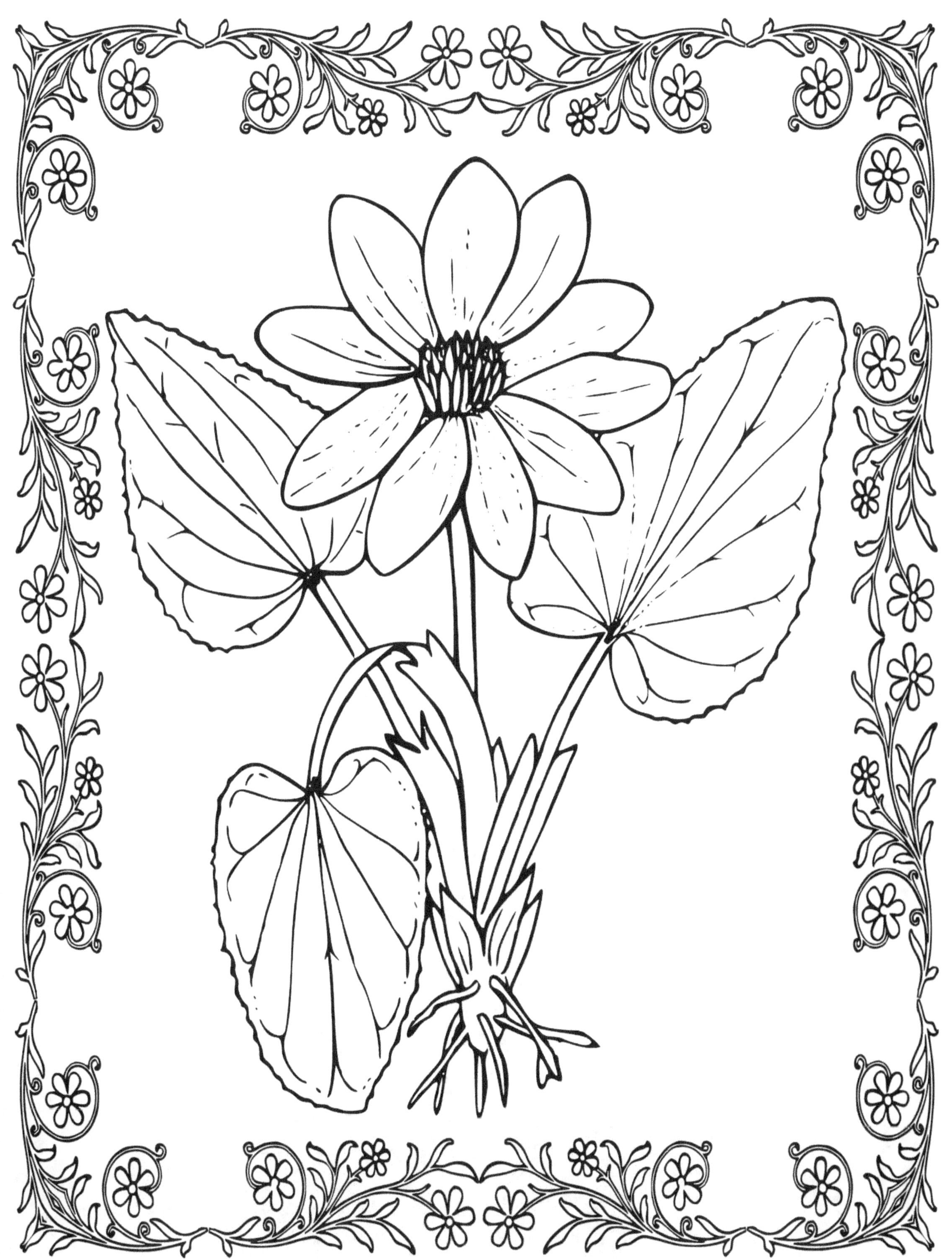

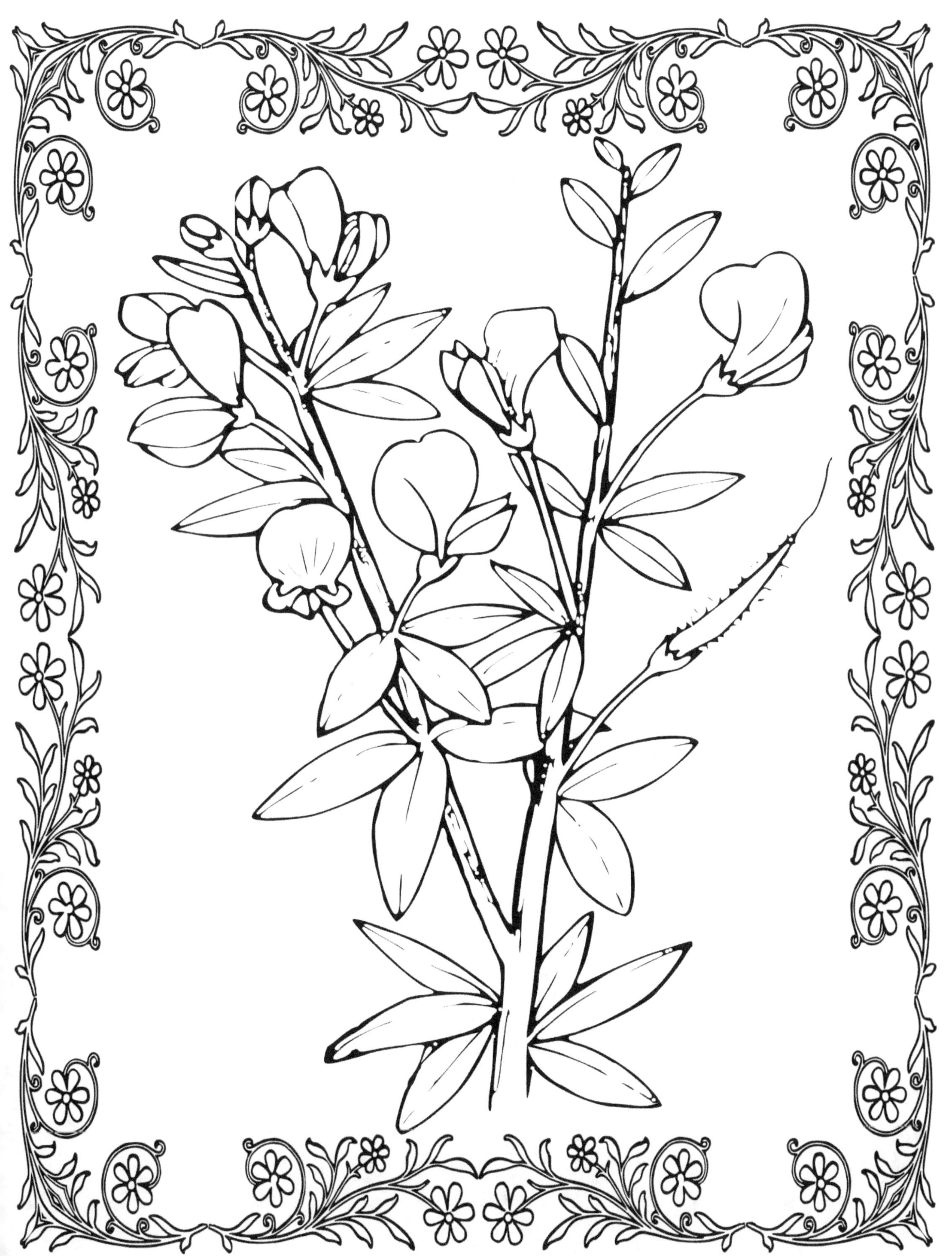

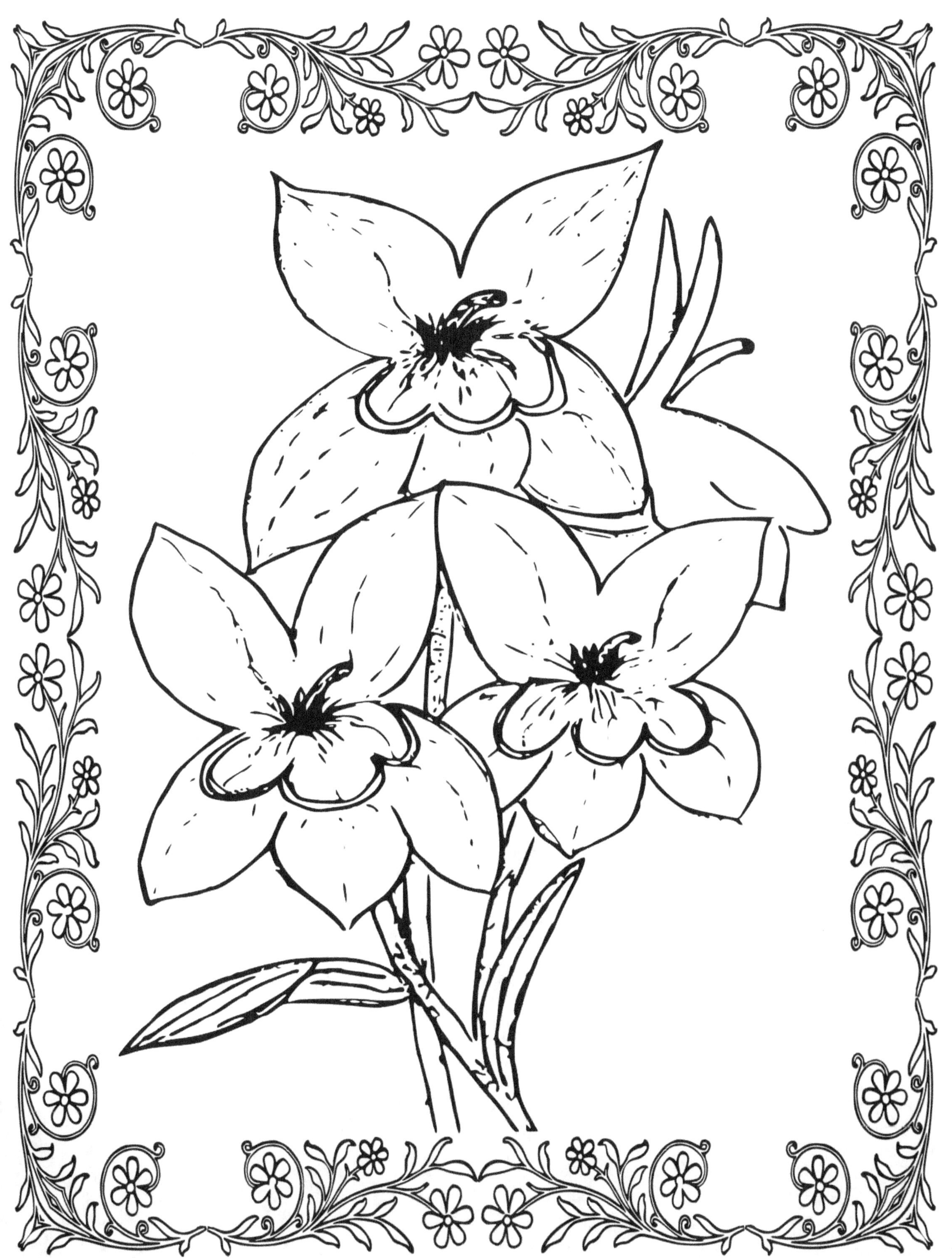

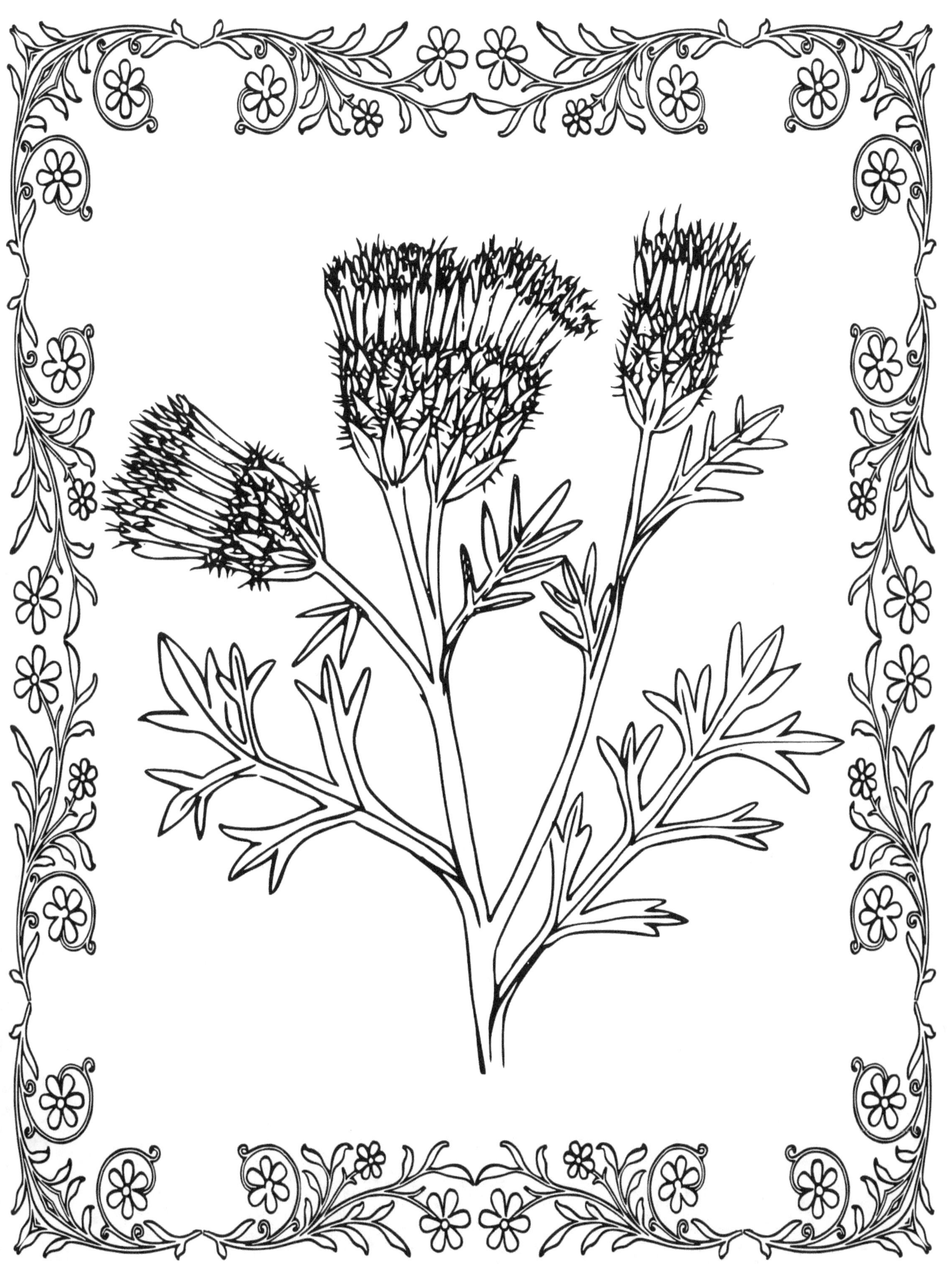

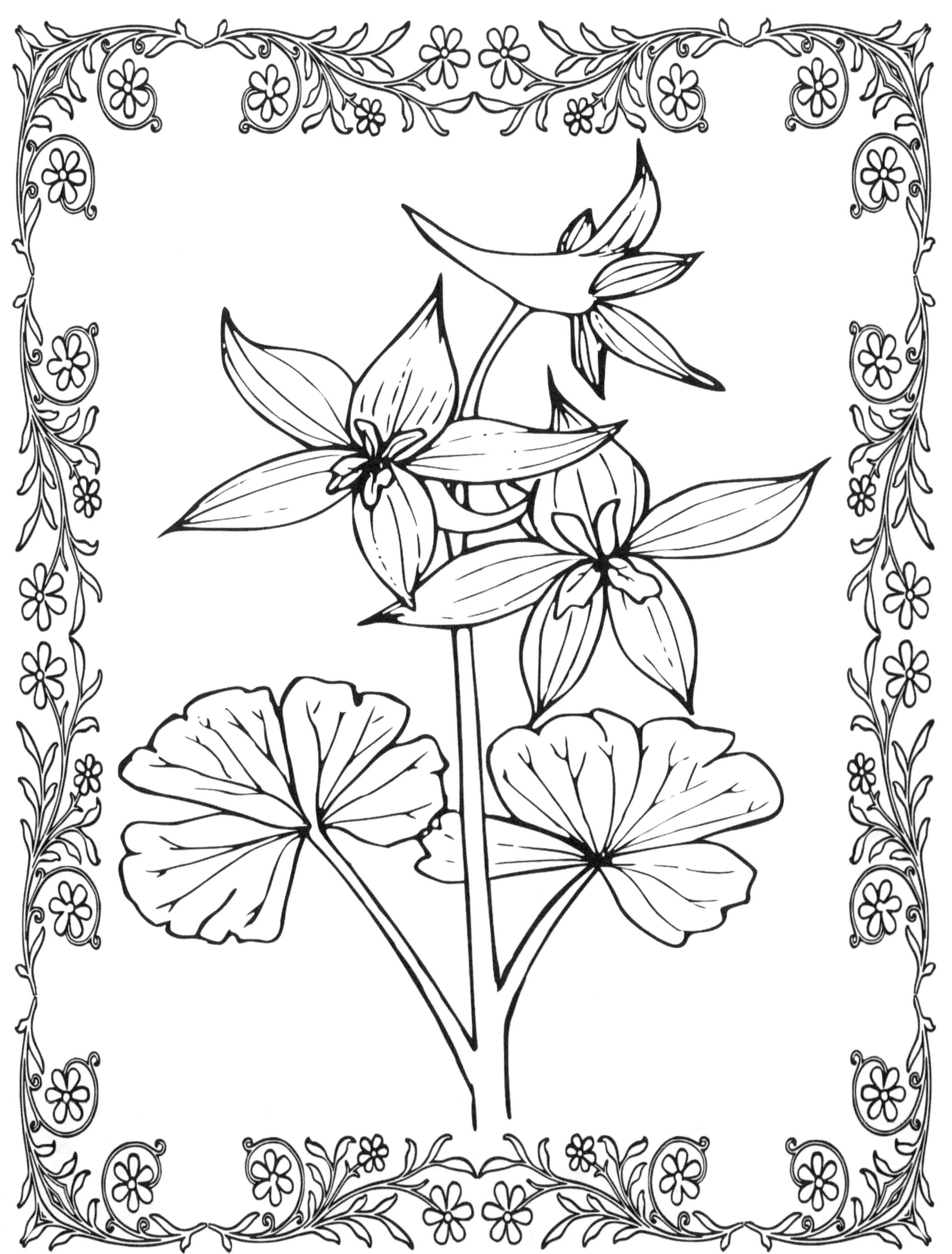

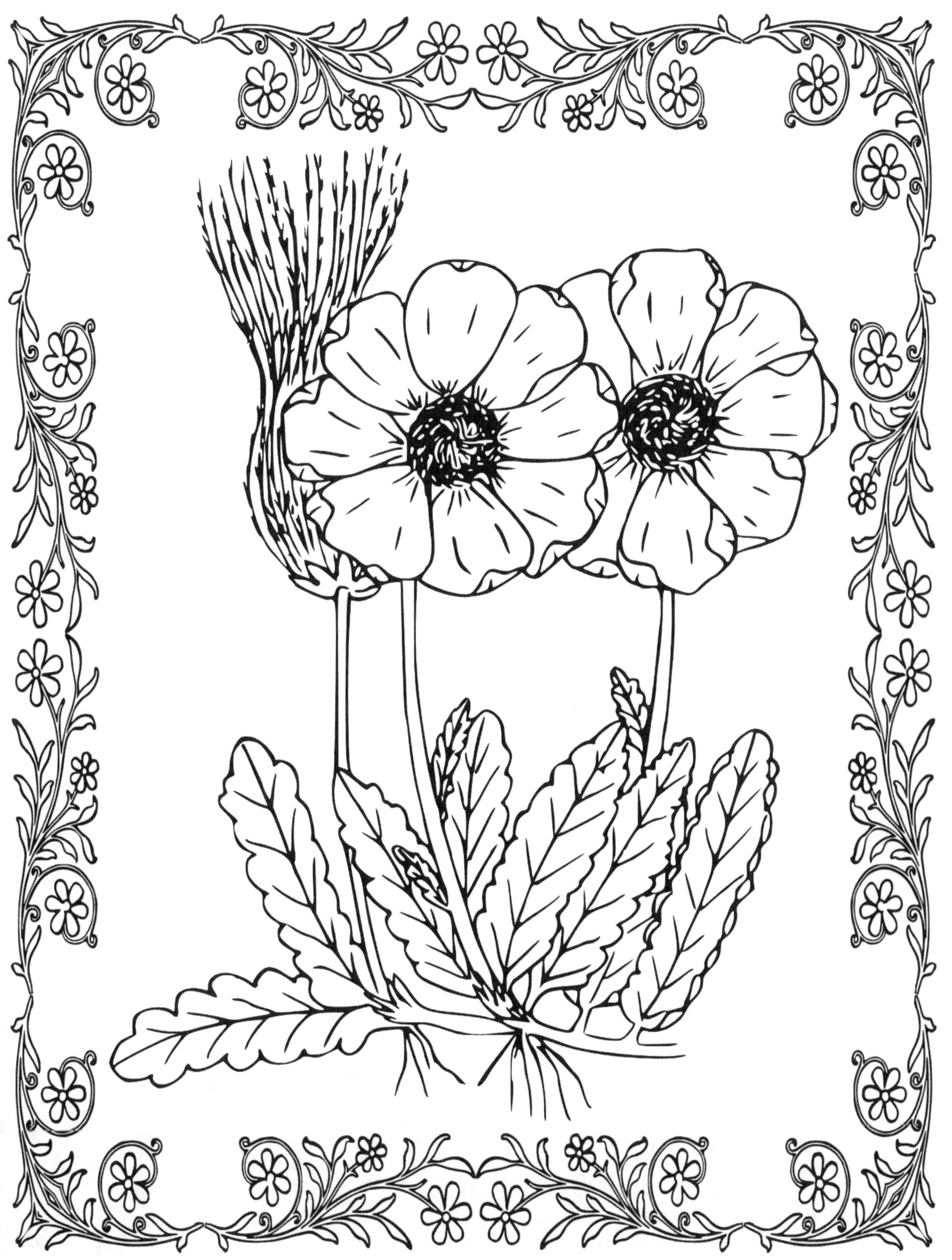

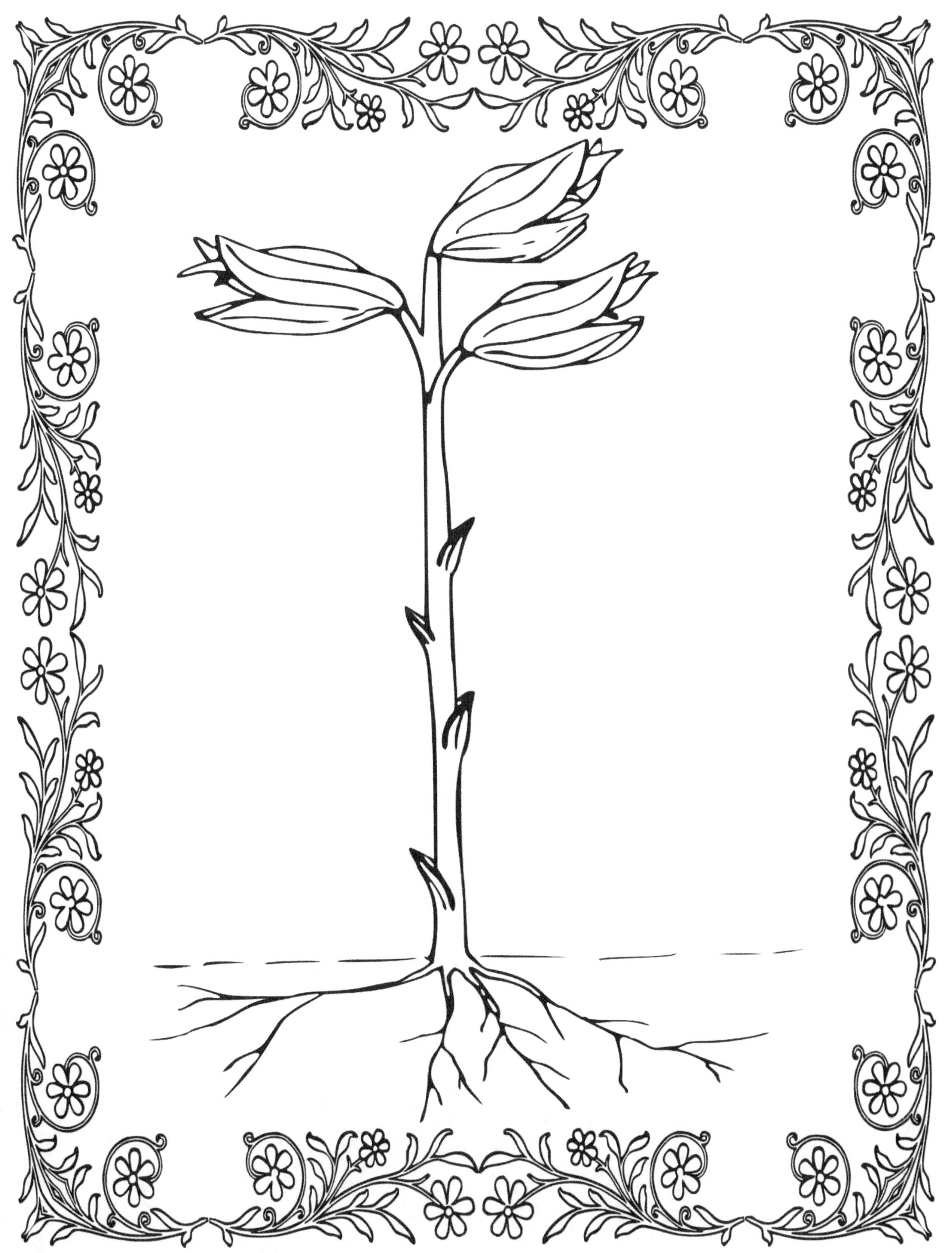

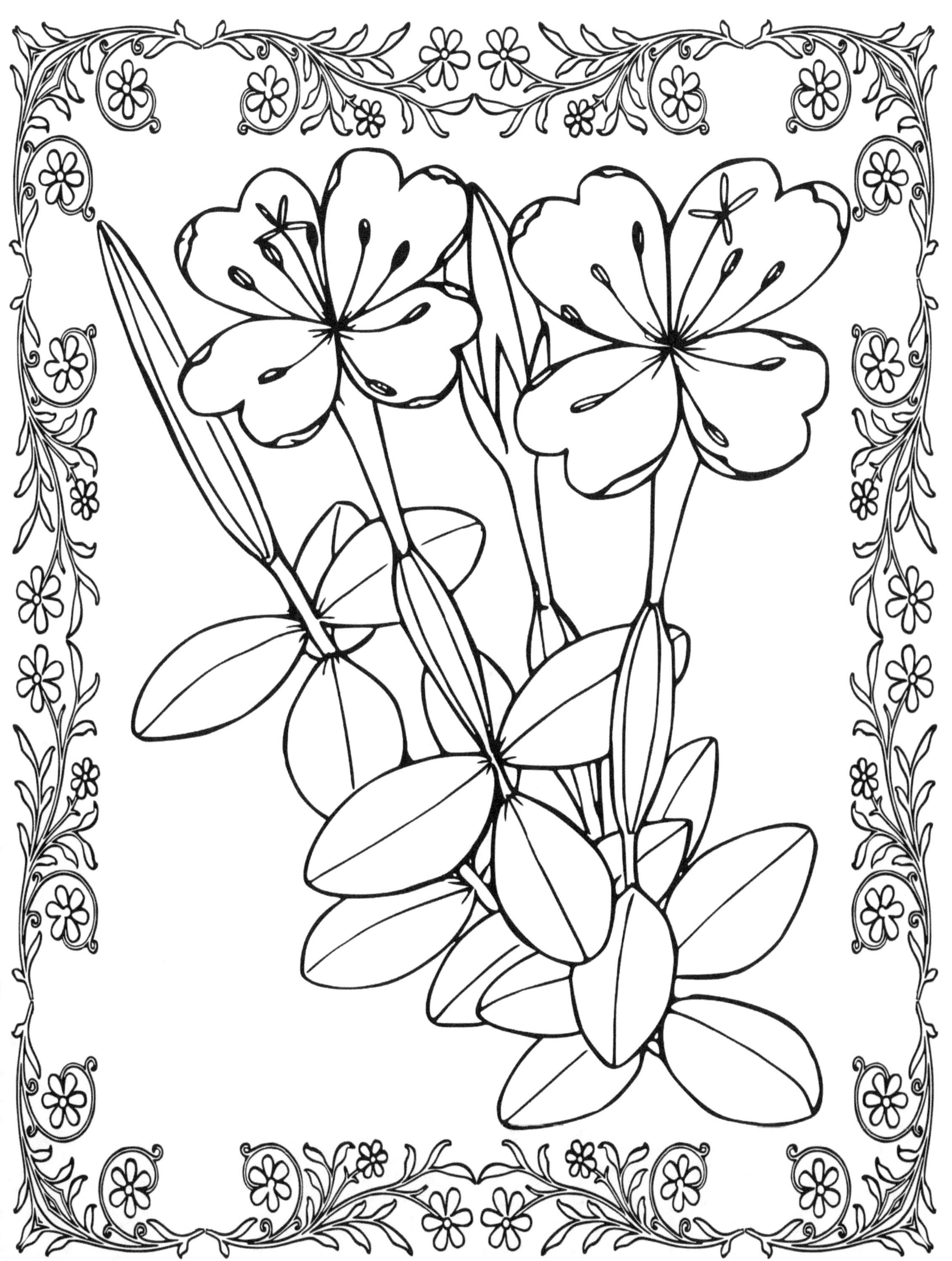

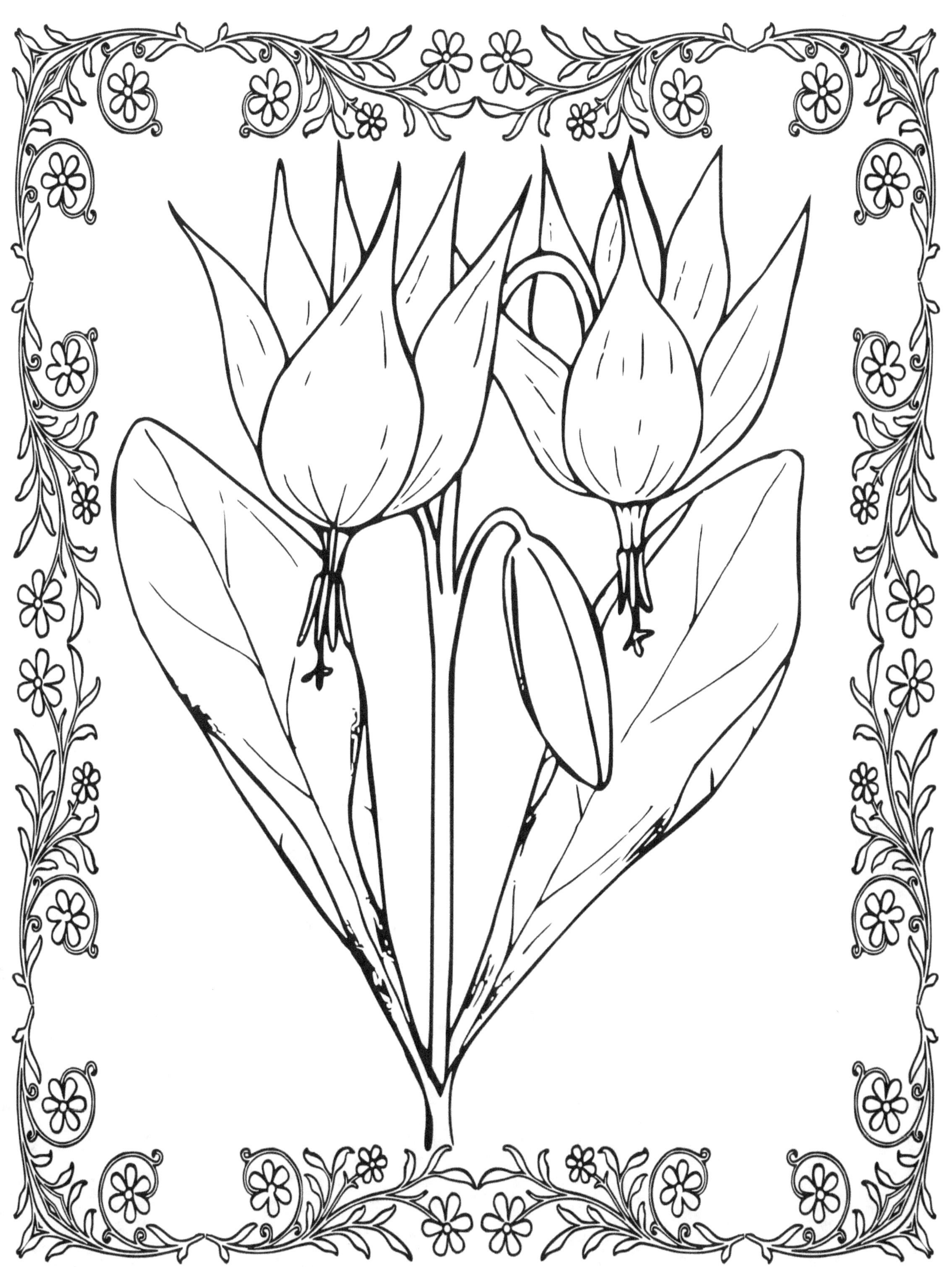

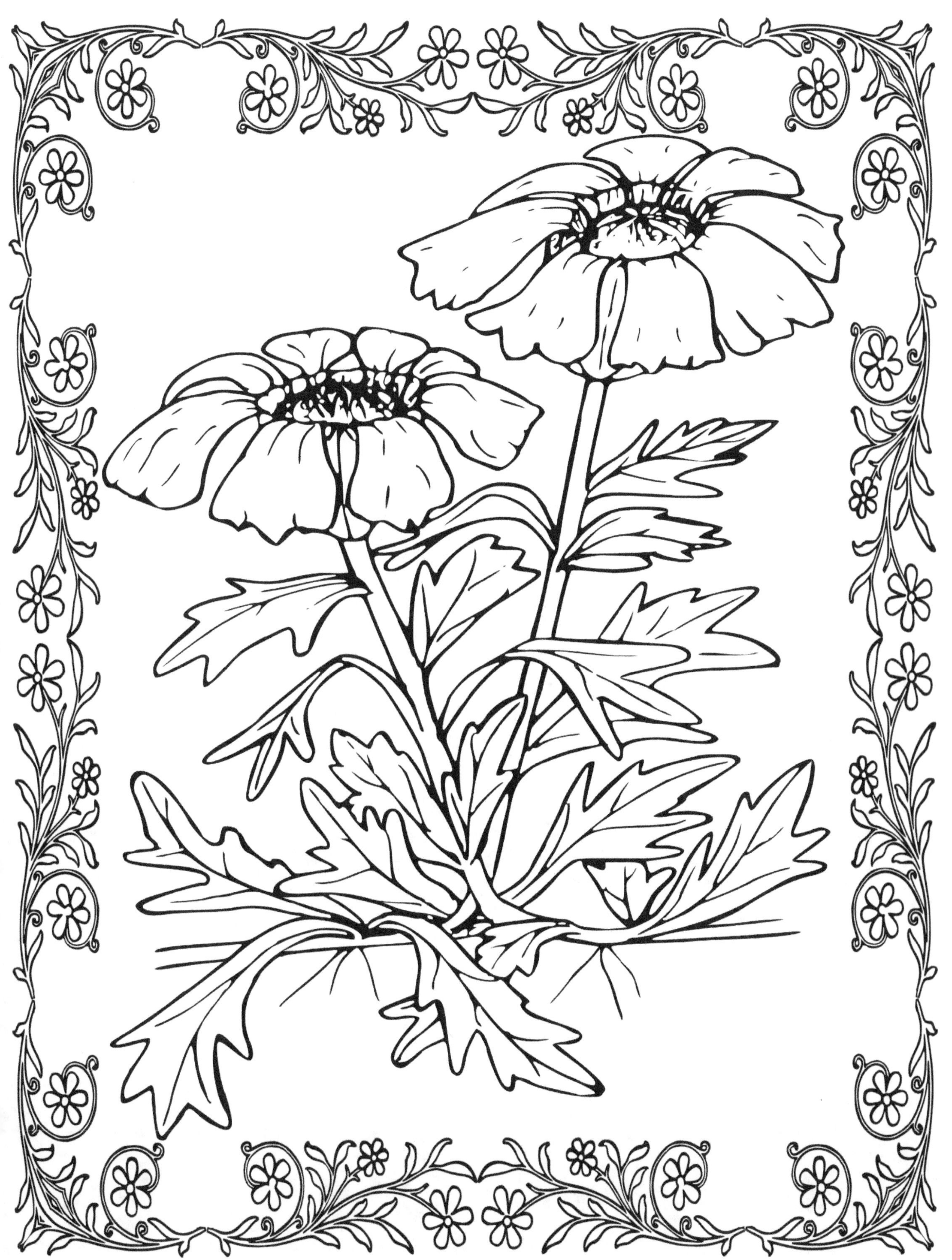

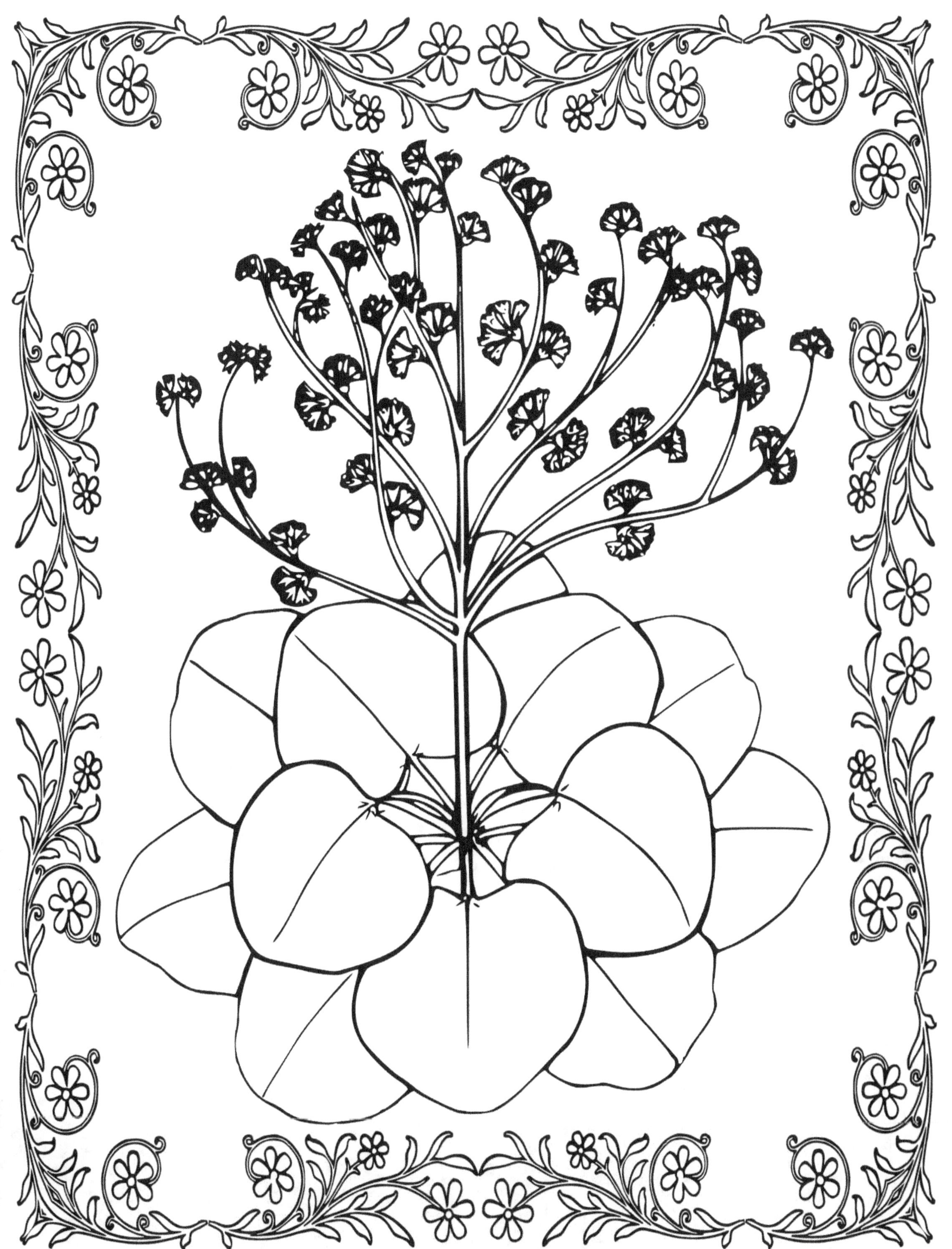

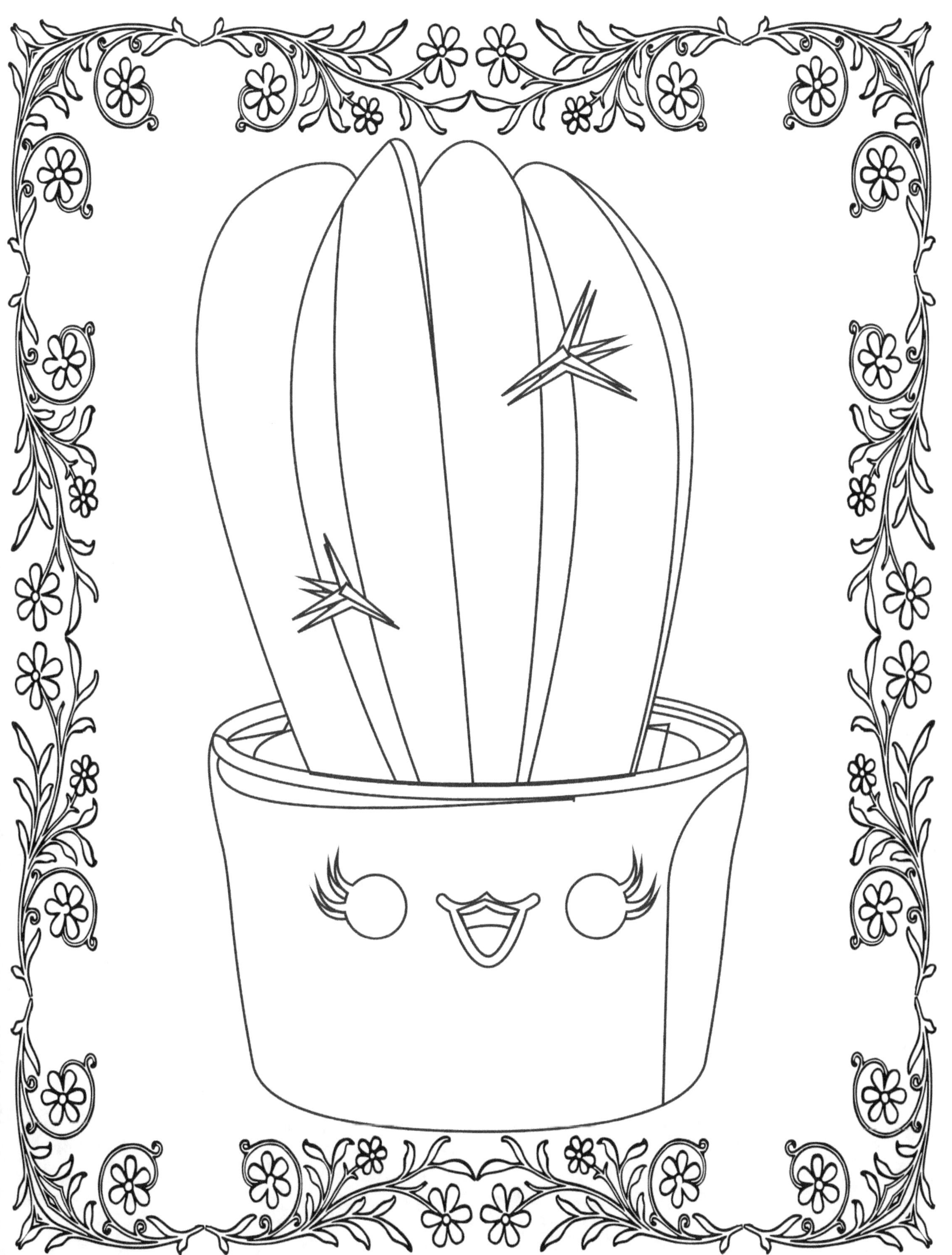

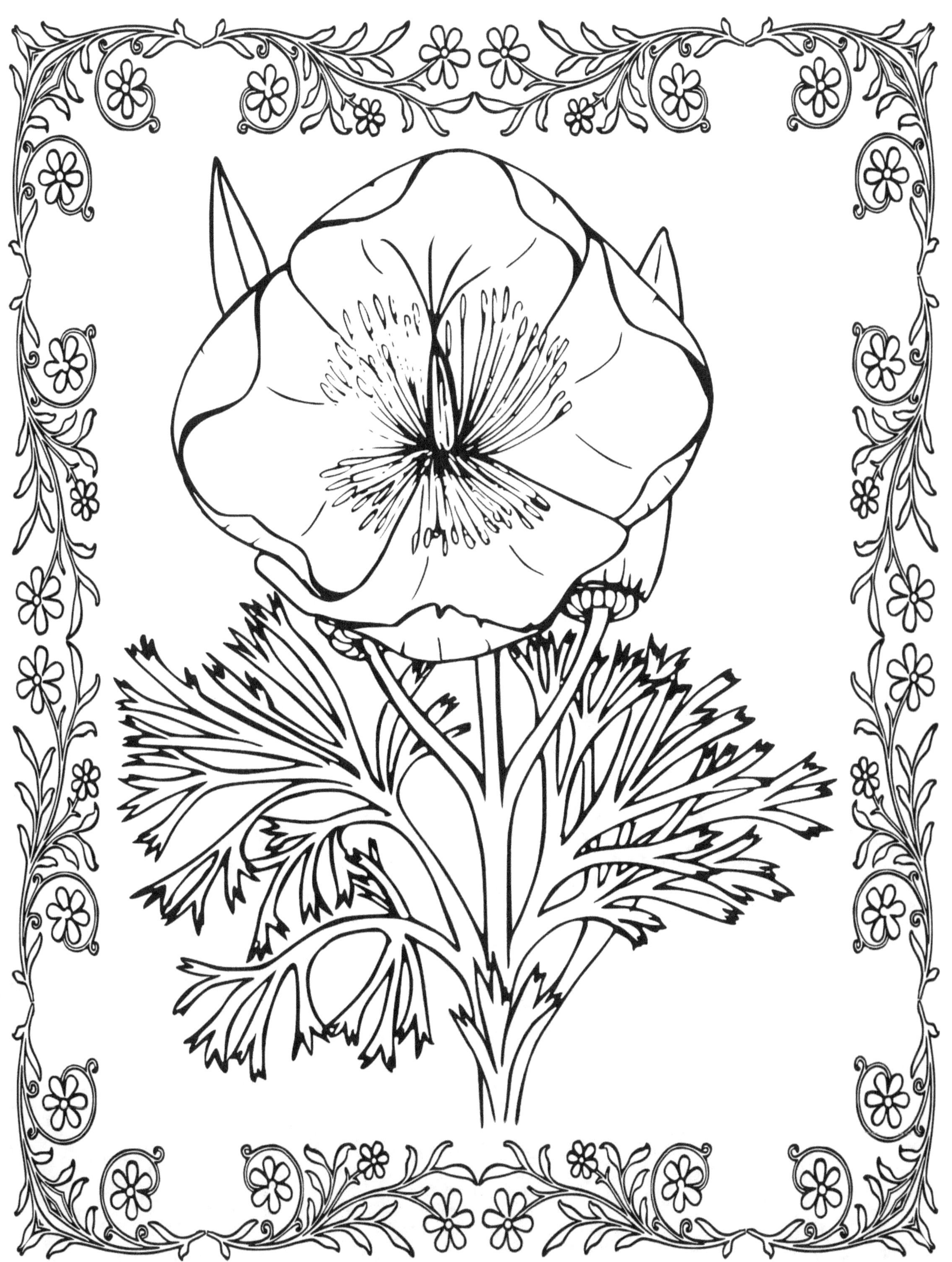

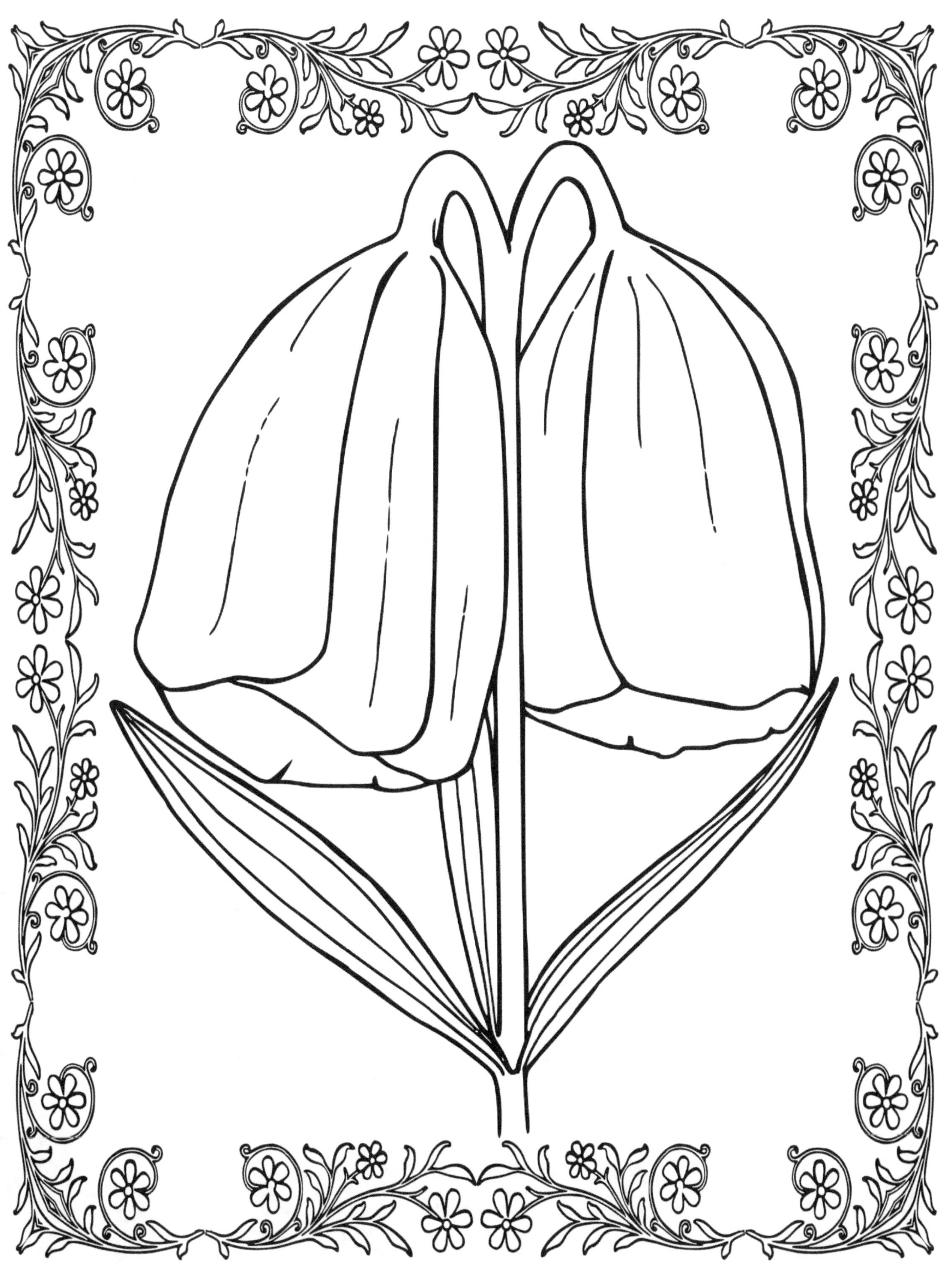

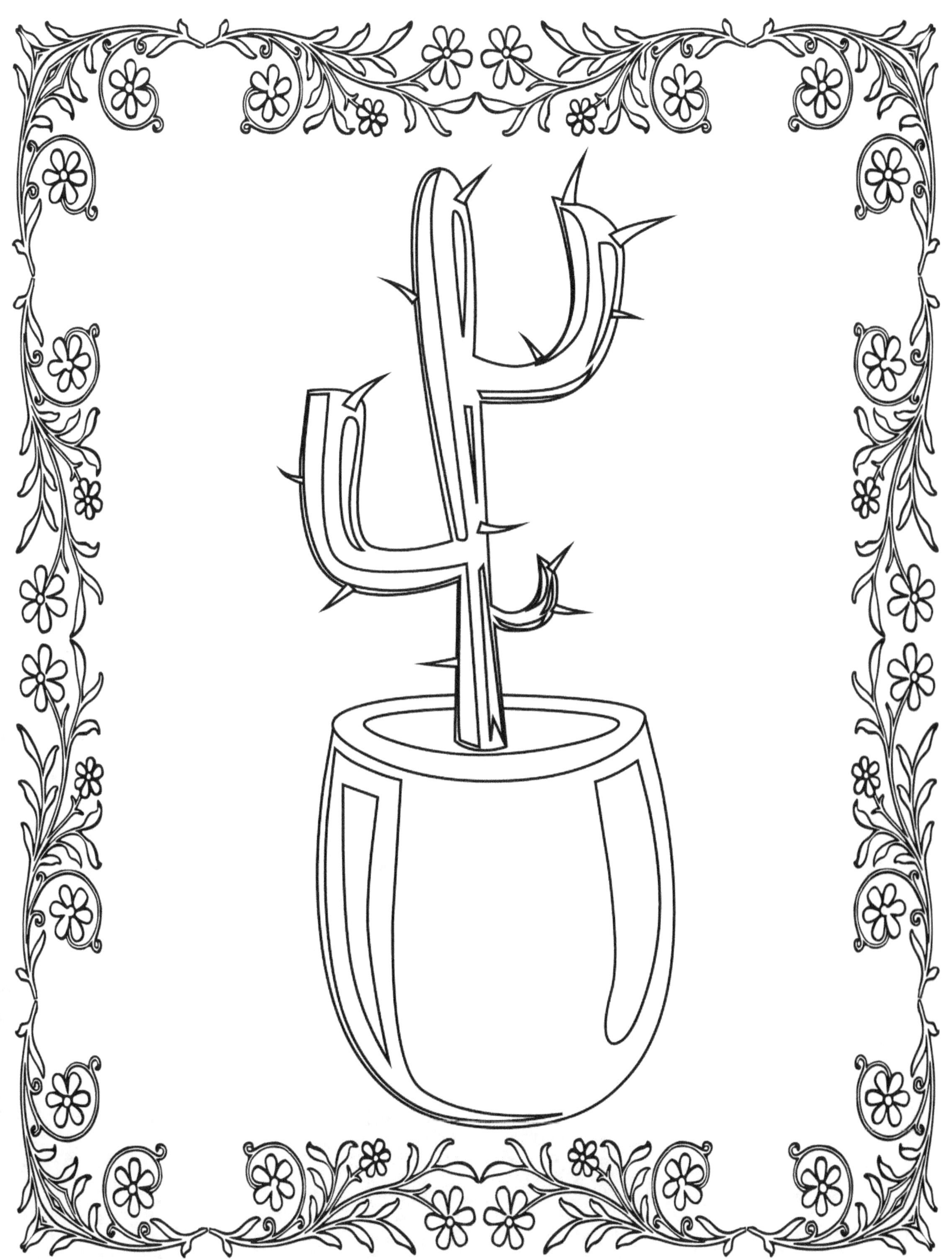

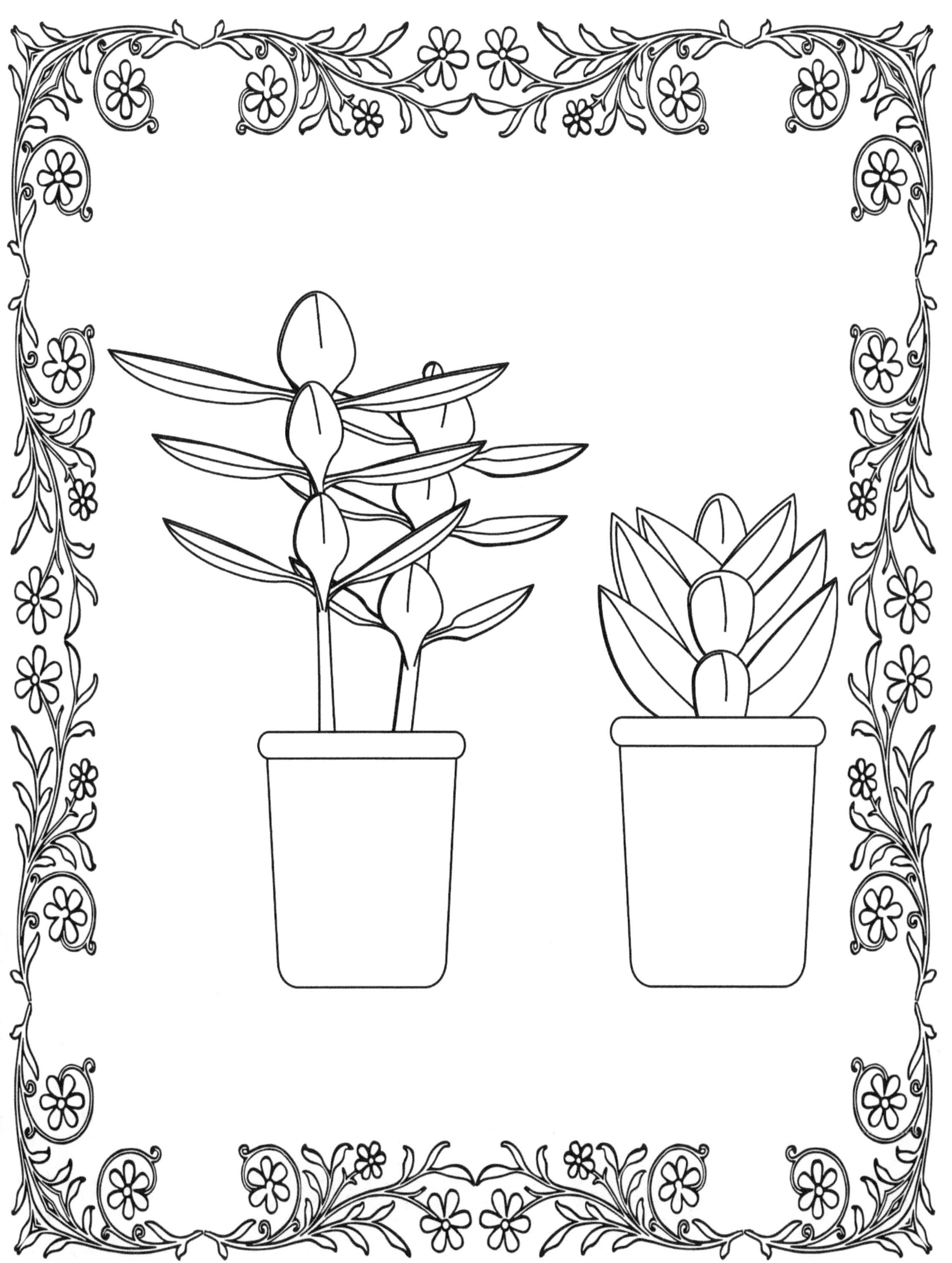

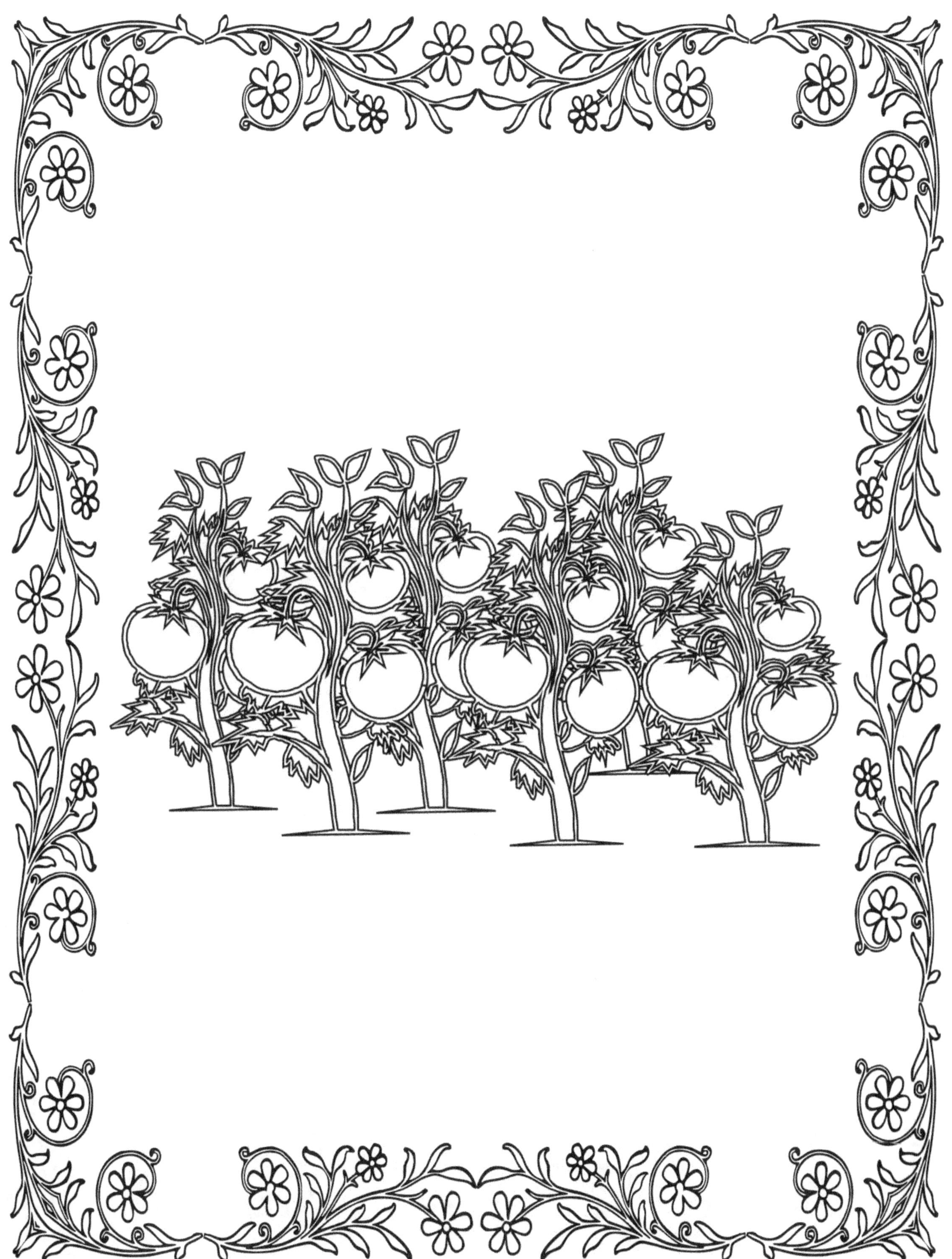

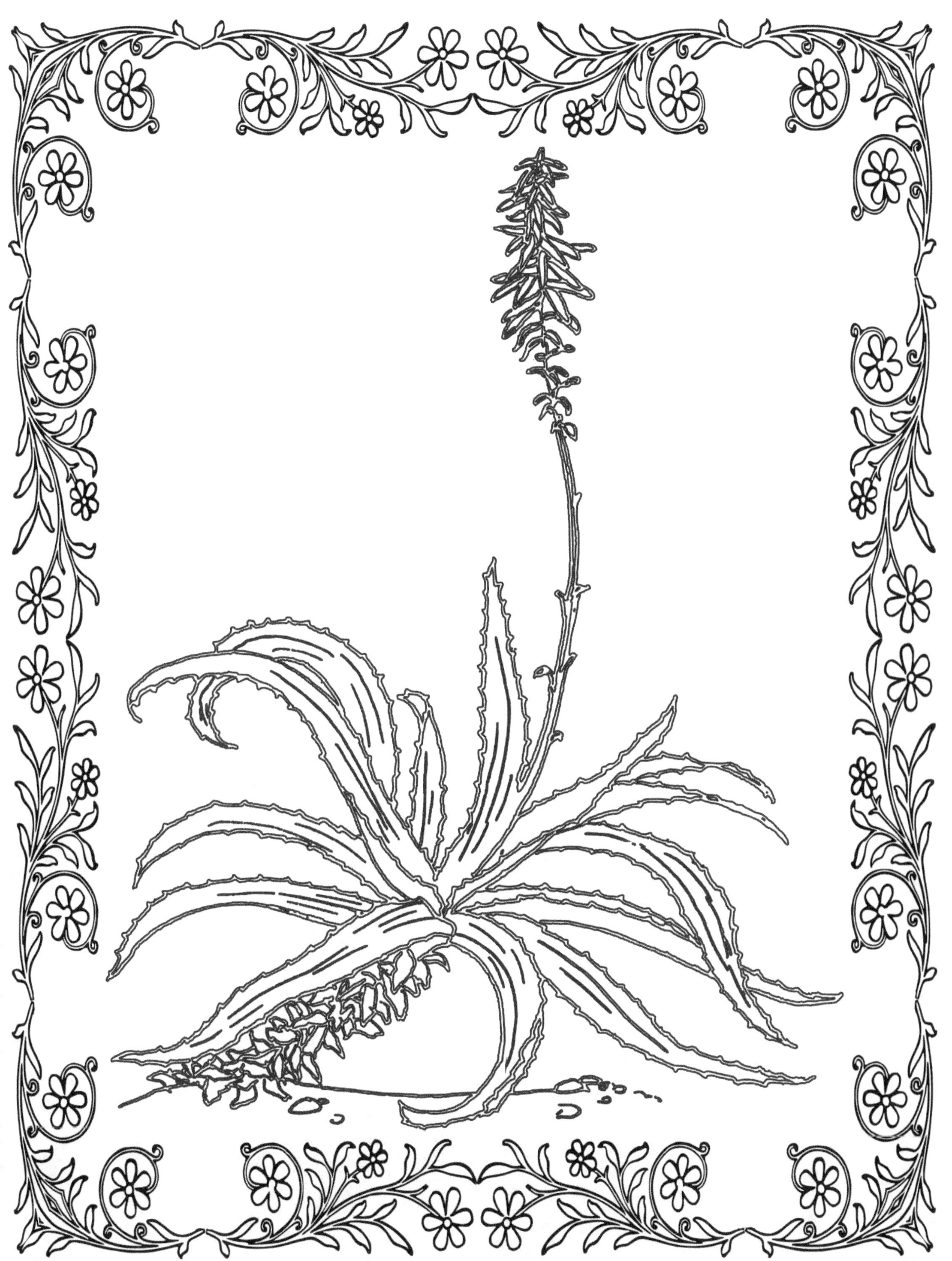

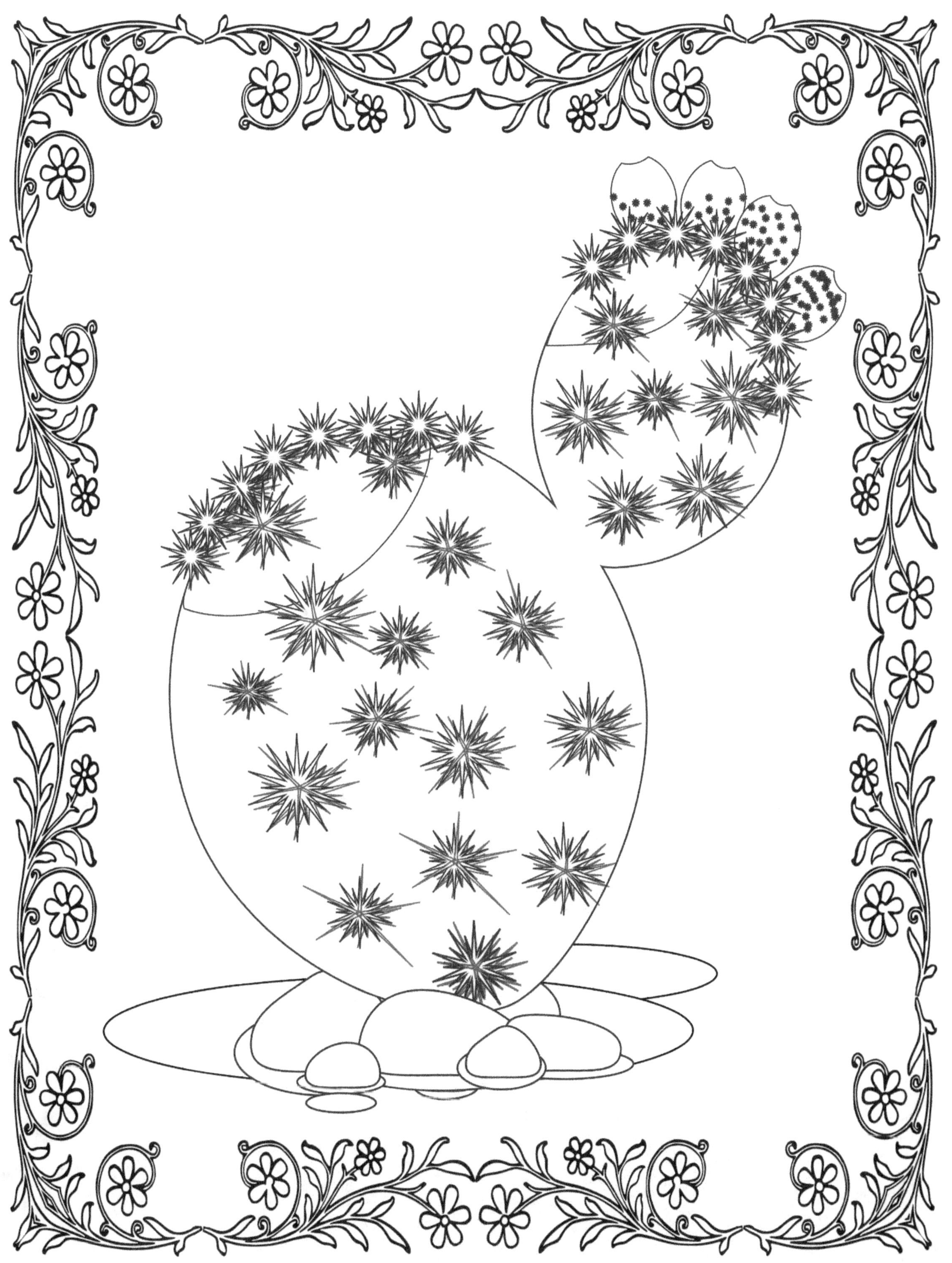

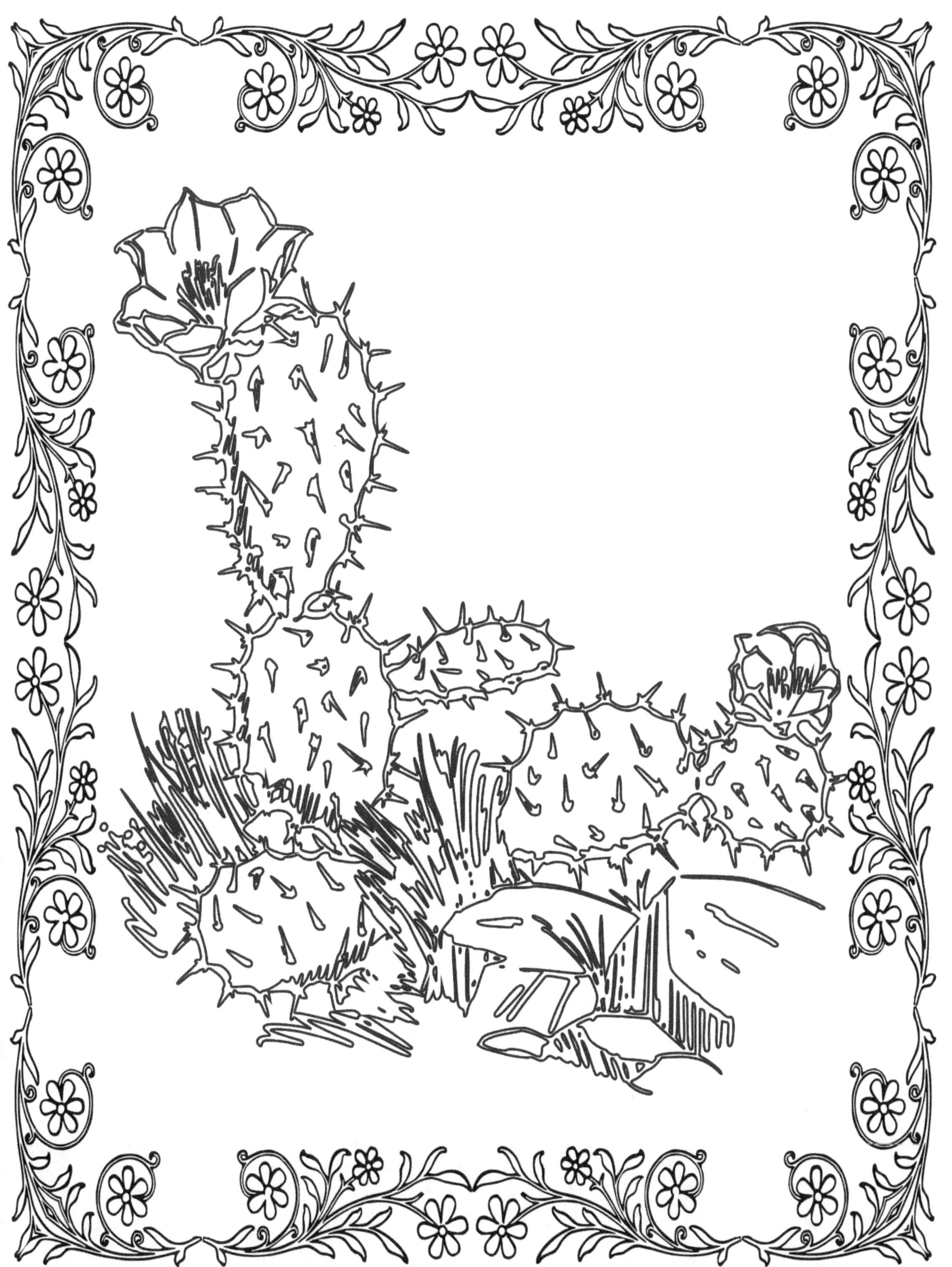

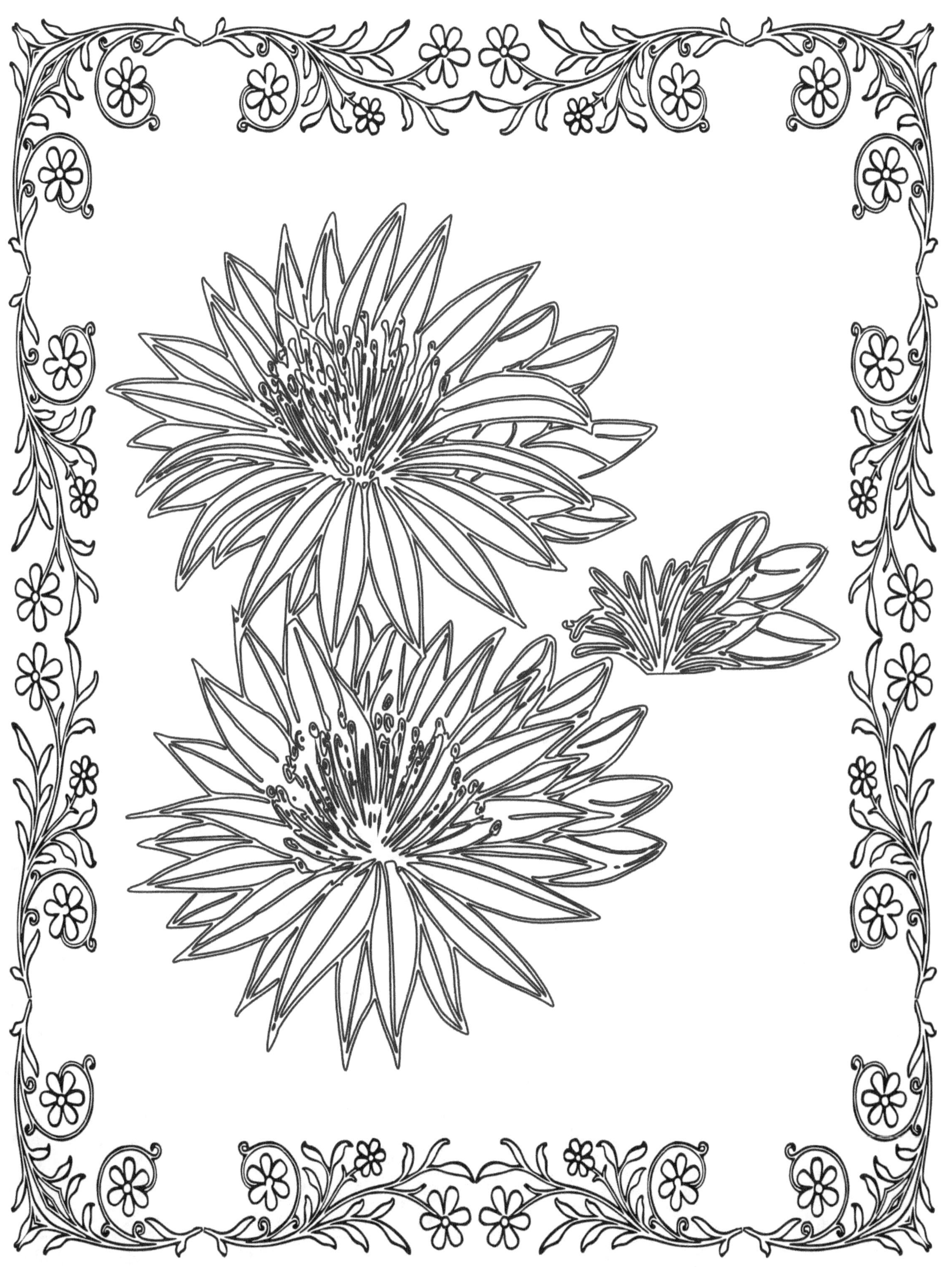

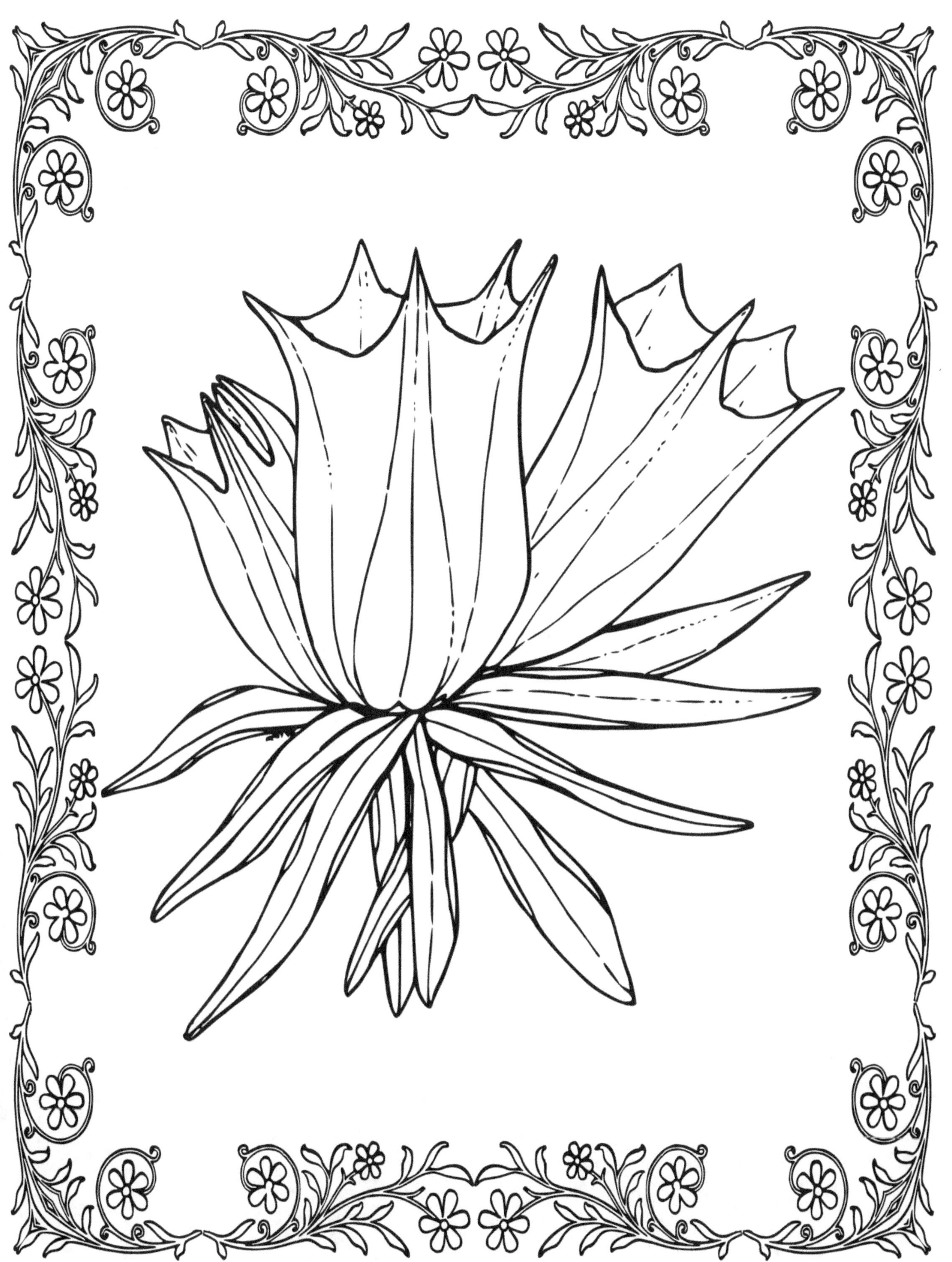

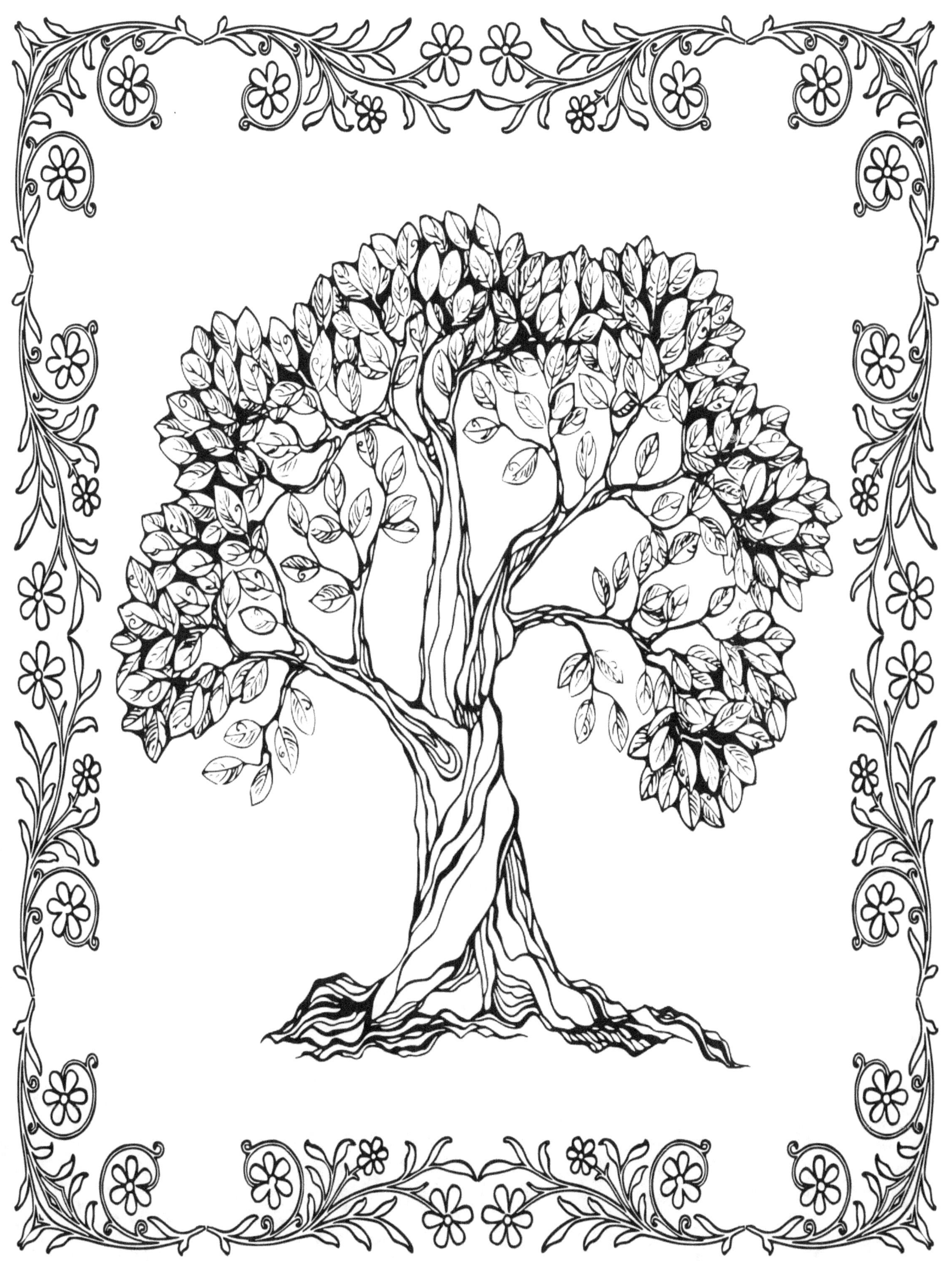

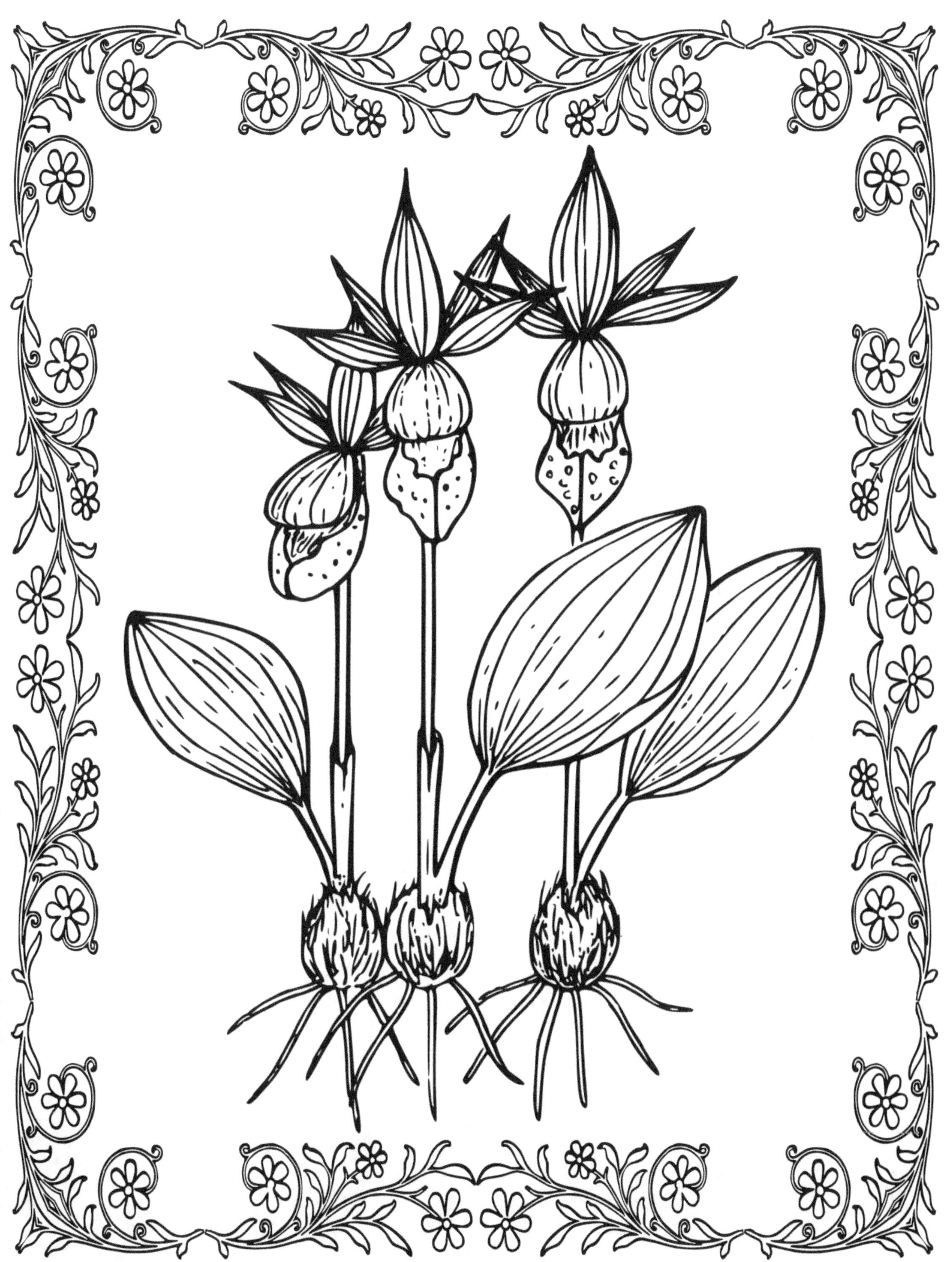

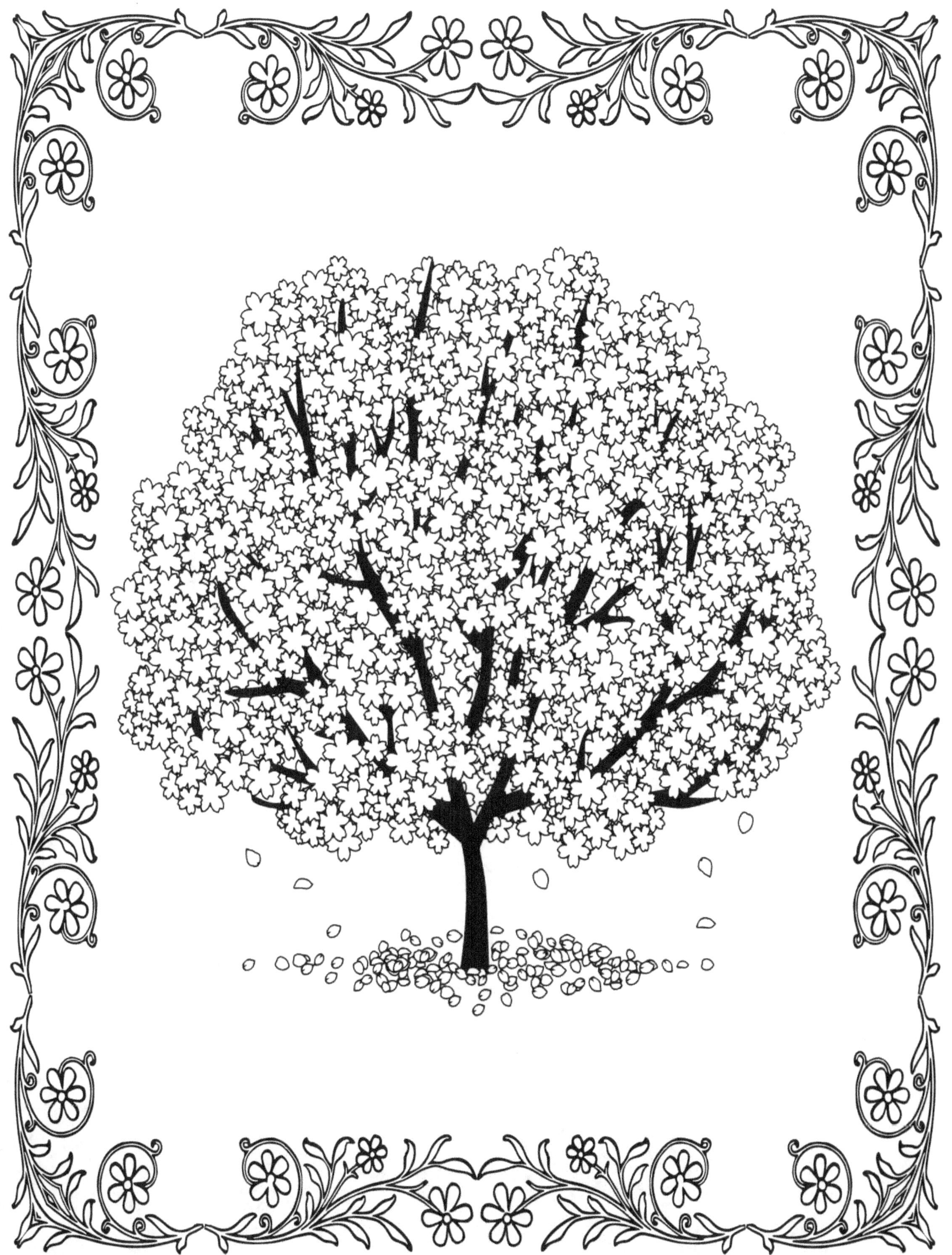

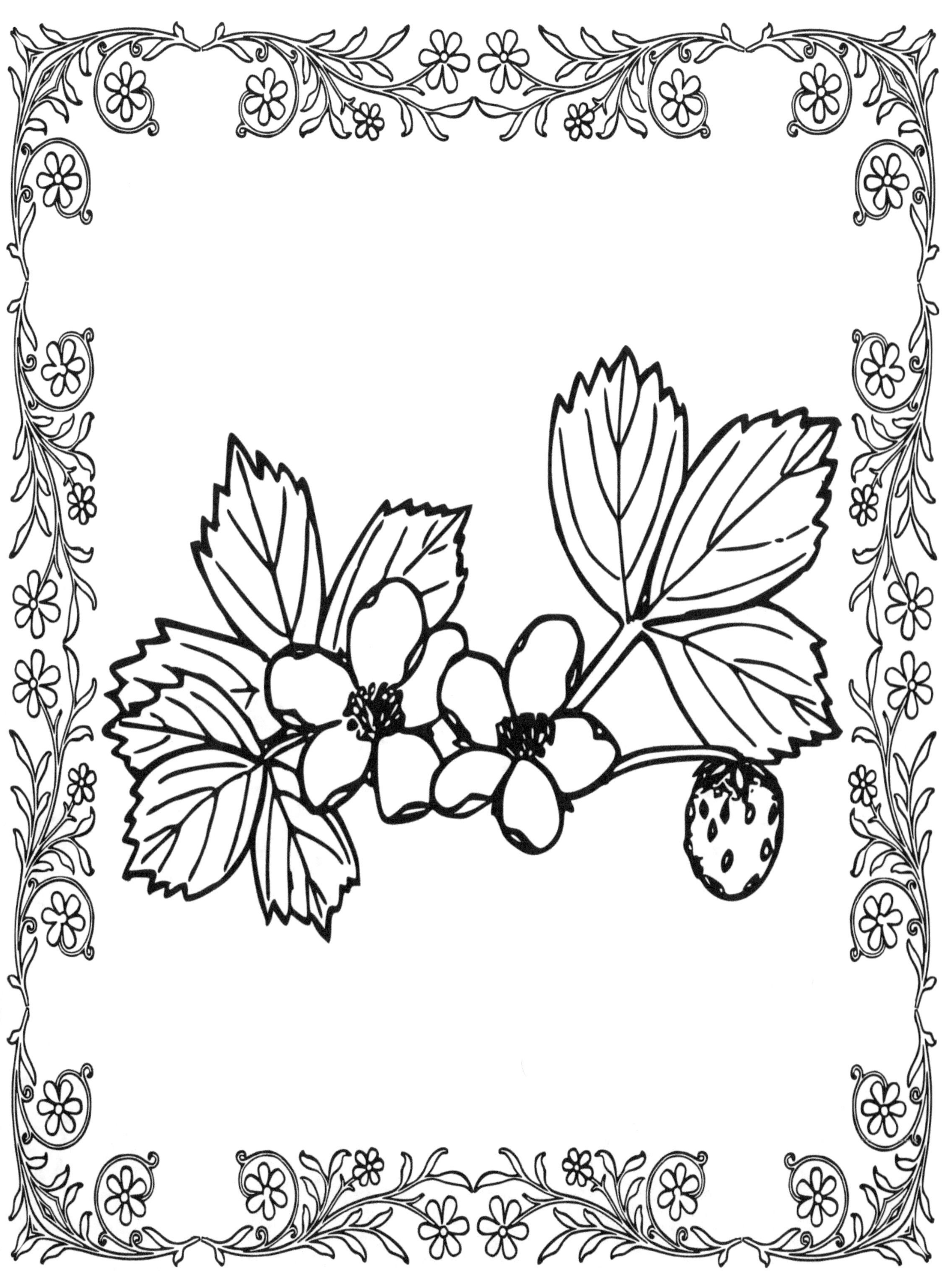

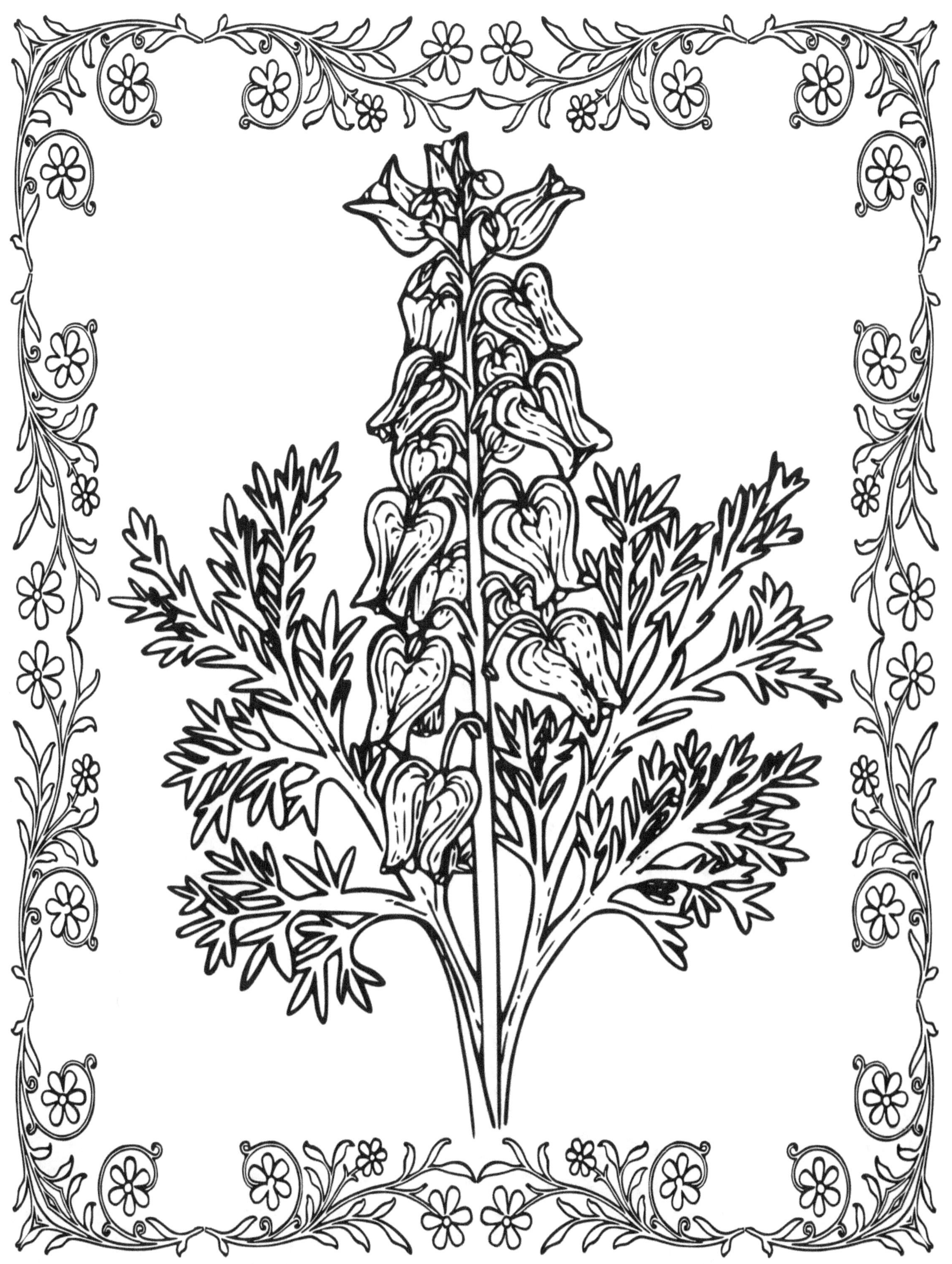

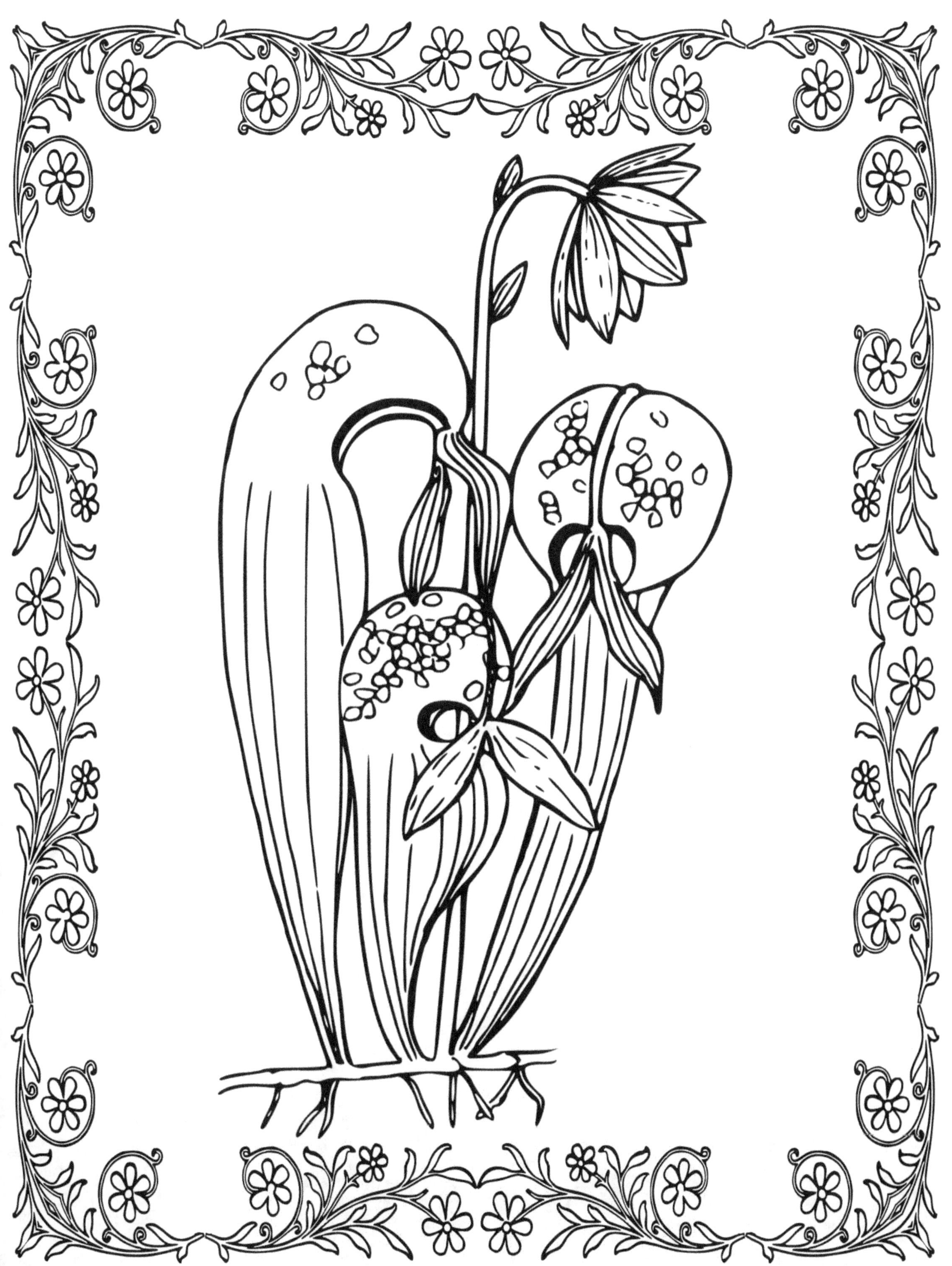

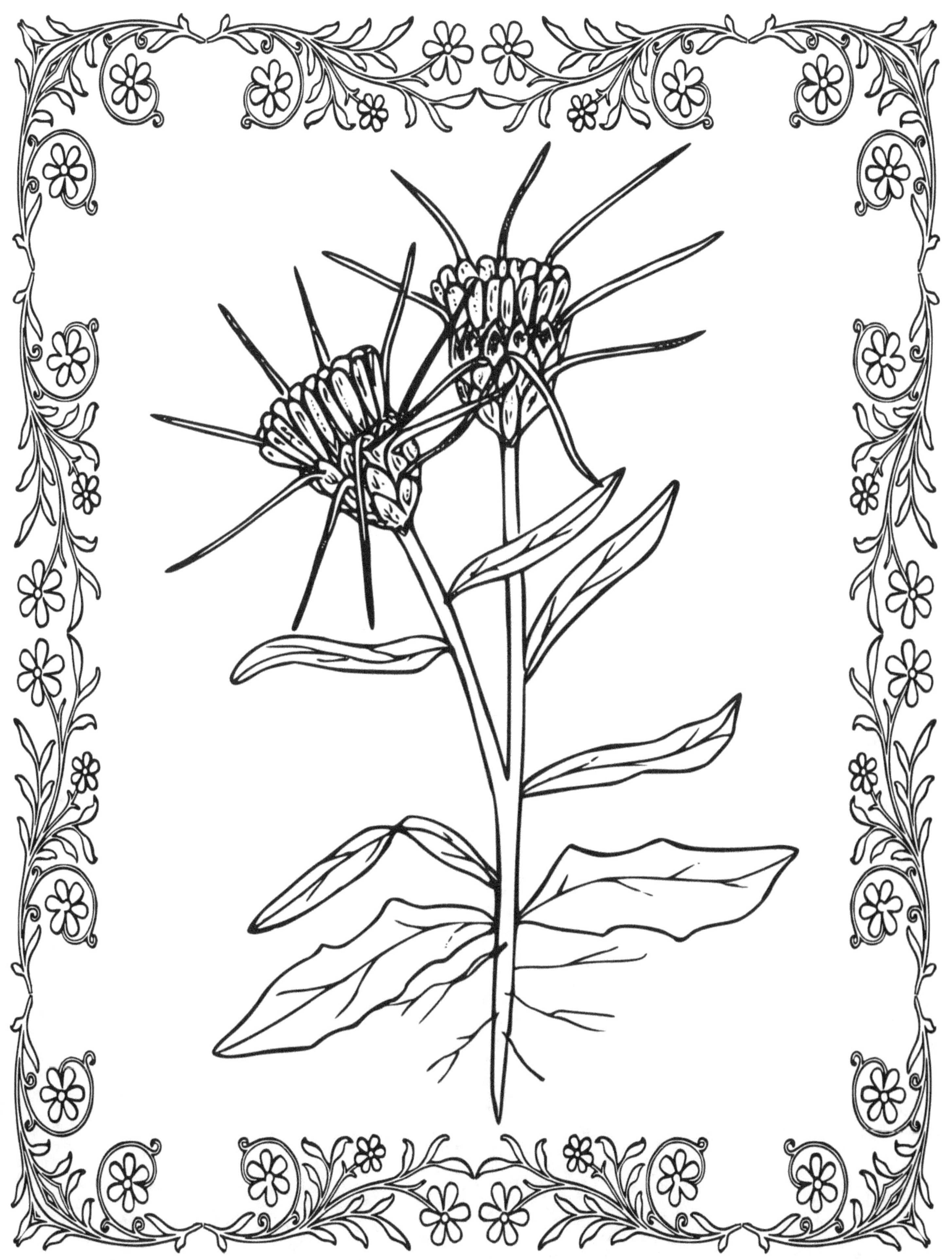

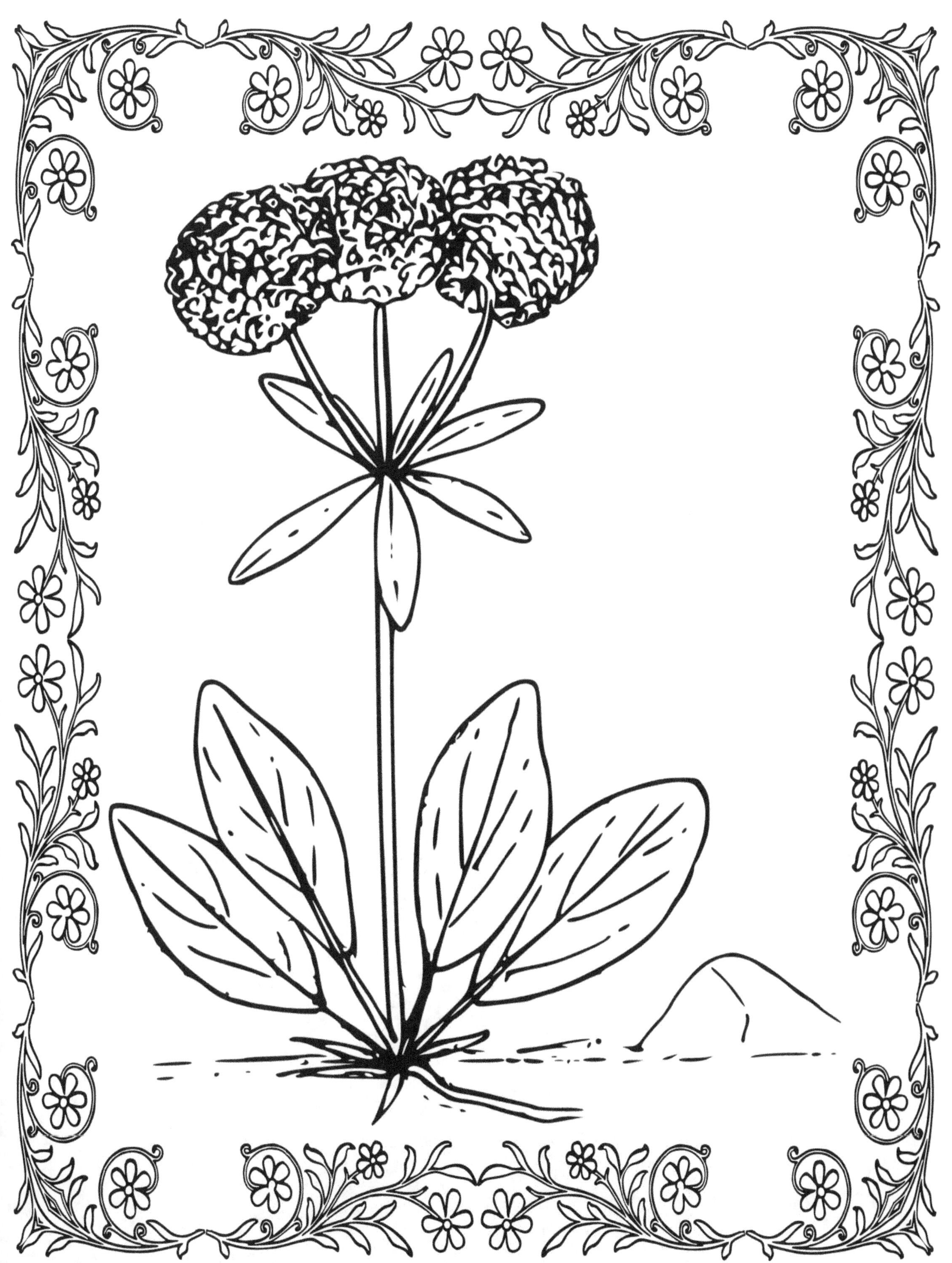

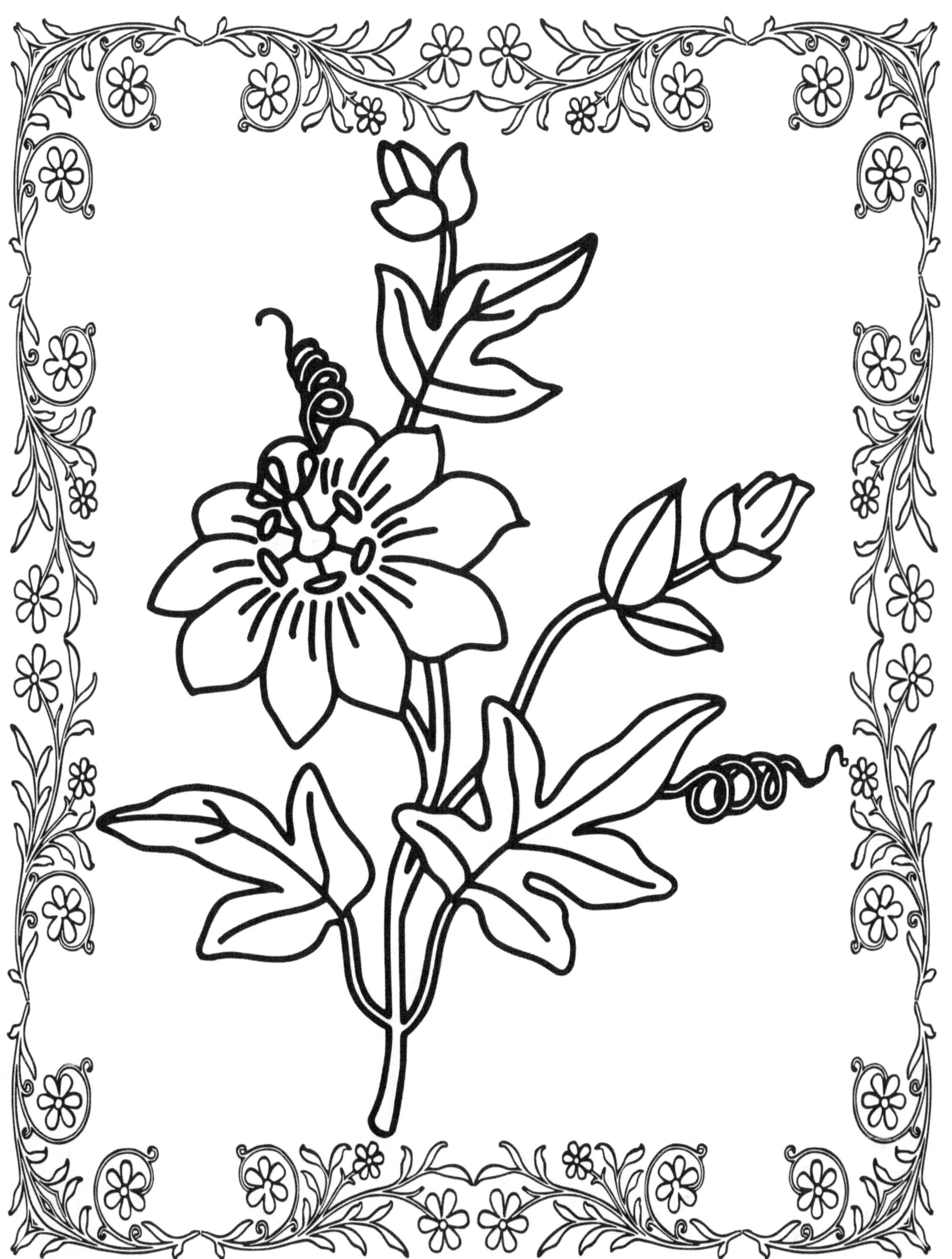

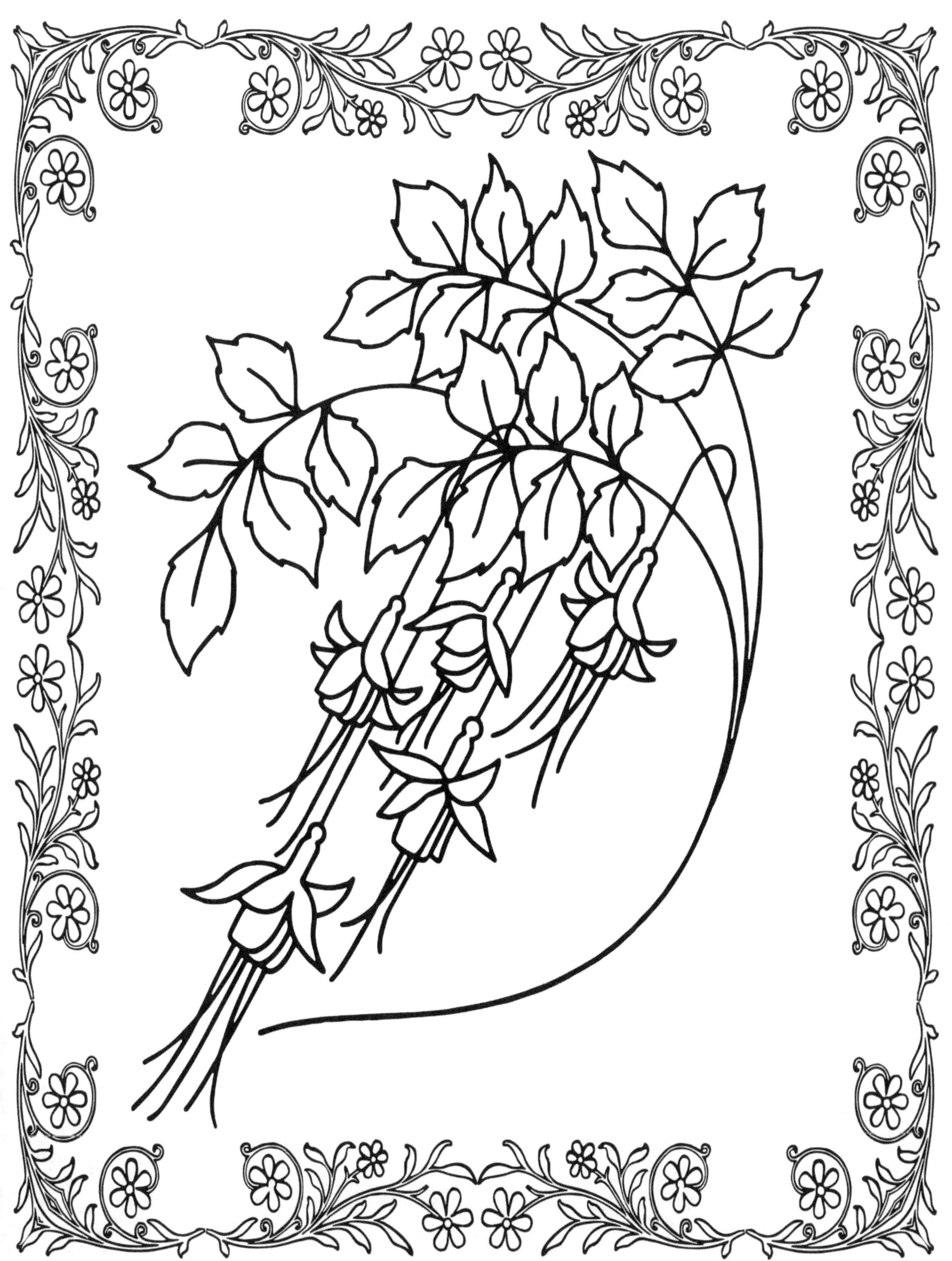

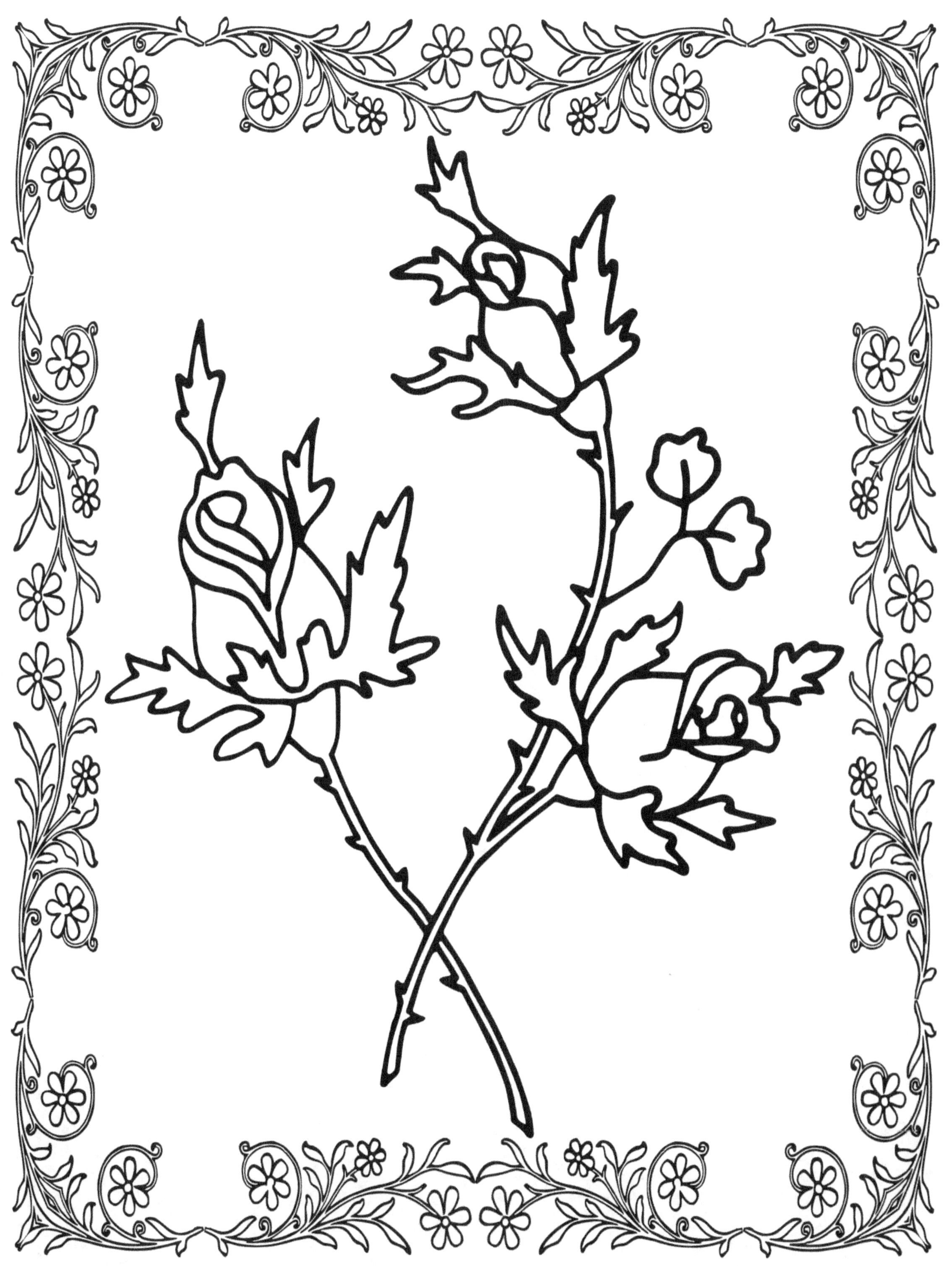

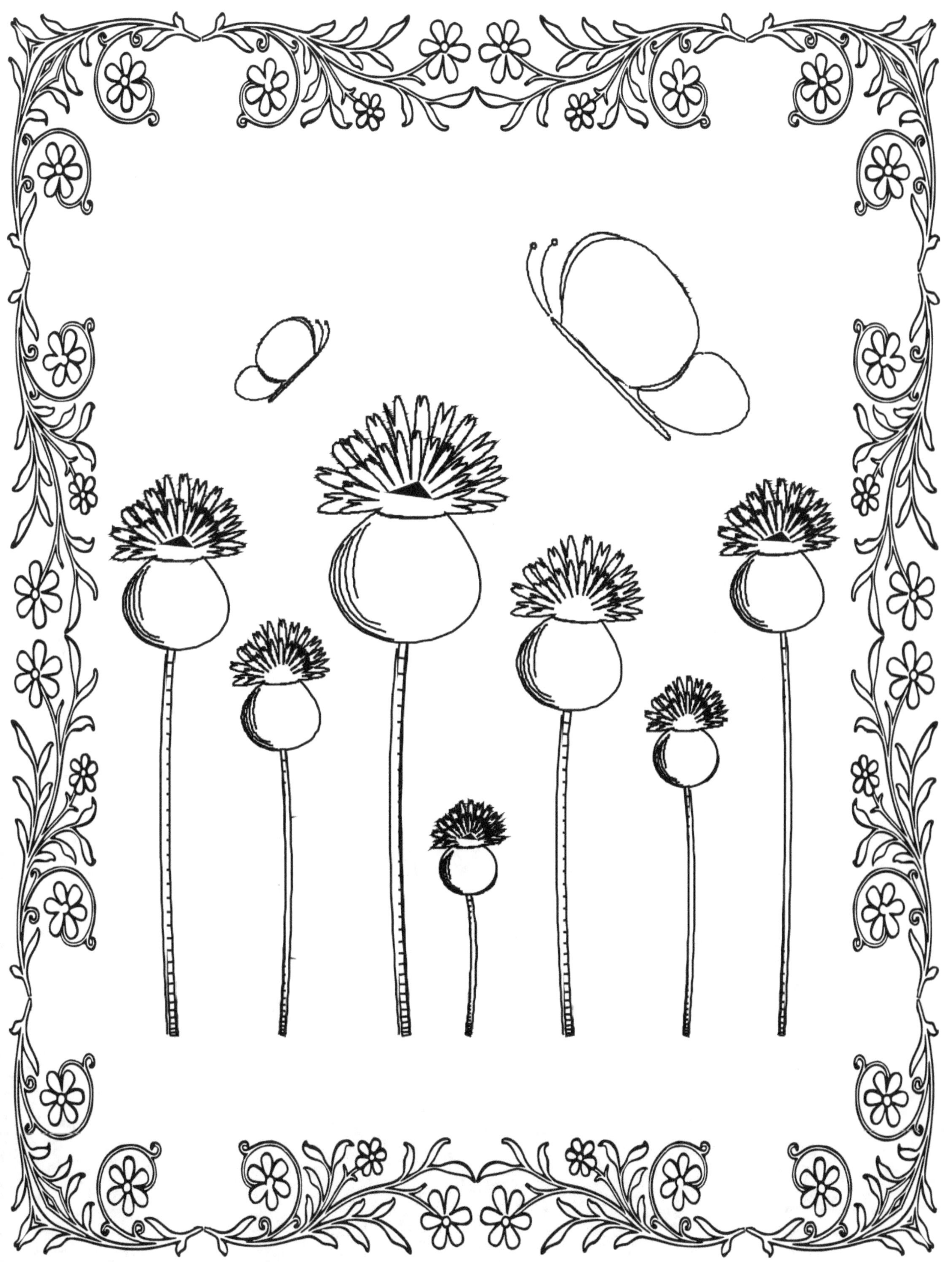

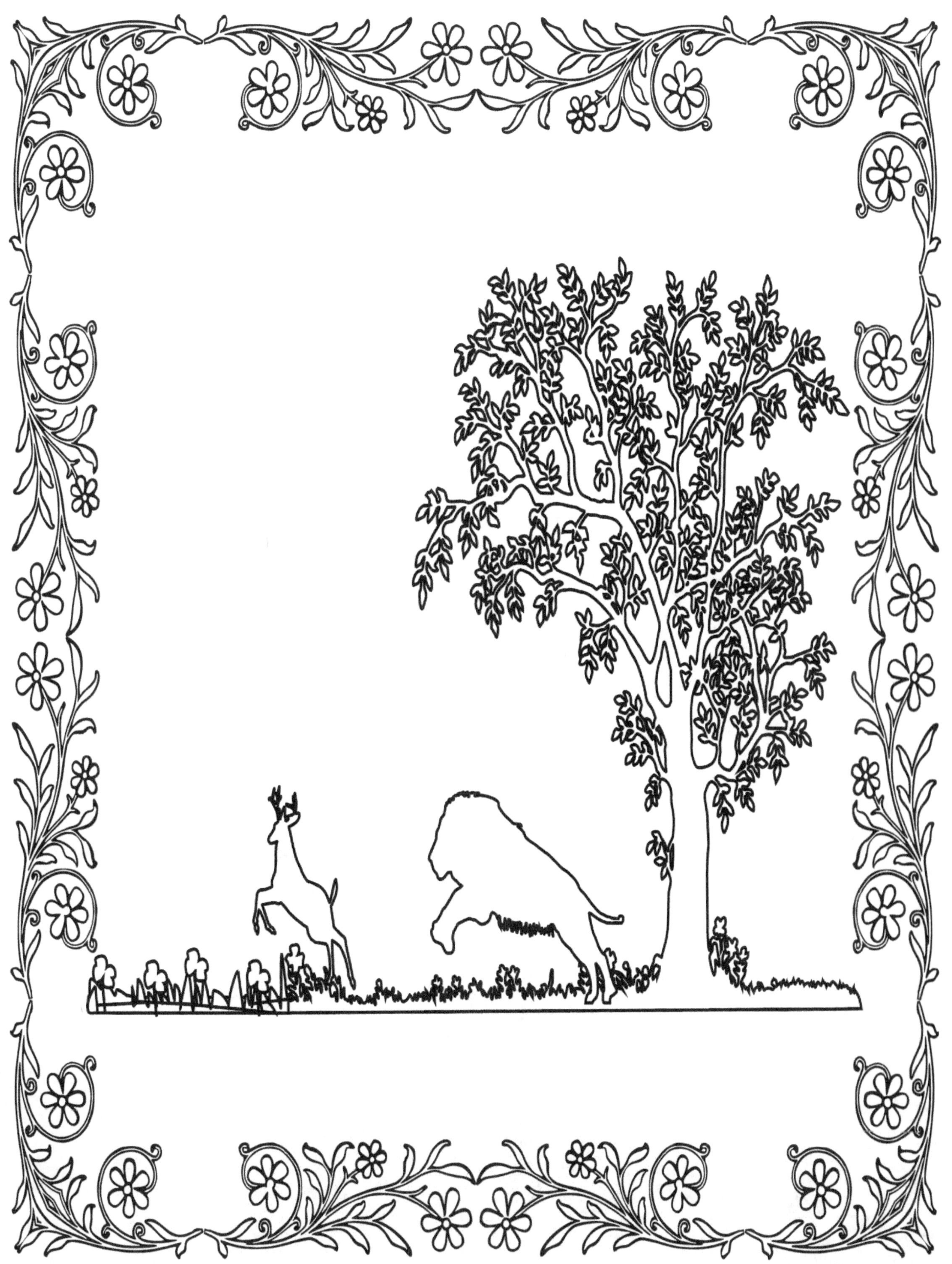